新《矿产资源法》重要制度研究与思考

许书平　孔　宁　韩亚琴　陈　敏　司　芗　王建忠　文雅萍　黄梦曦　等著

地质出版社

·北　京·

图书在版编目（CIP）数据

新《矿产资源法》重要制度研究与思考 / 许书平等著. -- 北京 ：地质出版社，2025. 6. -- ISBN 978-7-116-14548-1

Ⅰ. F426. 1

中国国家版本馆 CIP 数据核字第 2025BQ4643 号

XIN《KUANGCHAN ZIYUANFA》ZHONGYAO ZHIDU YANJIU YU SIKAO

责任编辑：顾秋蓓　吴宁魁
责任校对：关风云
出版发行：地质出版社
社址邮编：北京市海淀区学院路 31 号，100083
电　　话：（010）66554528（邮购部）；（010）66554573（编辑室）
网　　址：https://www. gph. clmpg. com
印　　刷：北京地大彩印有限公司
开　　本：787 mm×1092 mm　1/16
印　　张：18. 25
字　　数：260 千字
版　　次：2025 年 6 月北京第 1 版
印　　次：2025 年 6 月北京第 1 次印刷
定　　价：98. 00 元
书　　号：ISBN 978-7-116-14548-1

构筑矿政管理的“四梁八柱”

（代前言）

新修订的《中华人民共和国矿产资源法》（以下简称新《矿产资源法》）于 2024 年 11 月 8 日经全国人大常委会审议通过，自 2025 年 7 月 1 日实施。新《矿产资源法》历经二十多年漫长修法之路，一经颁布立即引起社会各界广泛关注。

法与时变。《矿产资源法》1986 年颁布实施，1996 年进行了修正，使我国矿产资源勘查开发管理步入了法治轨道，促进了矿产资源合理开发利用和保护。为适应发展社会主义市场经济要求和加入世界贸易组织需要，2002 年全国人大常委会提出修改要求，2003 年国土资源部成立了《矿产资源法》修改工作小组，开始了《矿产资源法》修改工作。二十多年来，我国经济社会发展日新月异，已经成为世界第二大经济体，由解决温饱到全面建成小康社会，经济体制、发展理念、法治观念、社会主要矛盾、国际格局等都发生了重大变化，《矿产资源法》滞后性愈加明显、不适应性日益突出：不适应社会主义市场经济发展需要，不适应生态文明建设需要，不适应物权保护需要，不适应保障国家能源资源安全需要。

良法是善治之前提。为顺应世情、国情、矿情发展变化，在全面总结矿产资源管理改革实践基础上，新《矿产资源法》对1996年《矿产资源法》进行了全面修改，是一次整体性、系统性、重构性的修改：一是改革勘查许可证、采矿许可证“一证载两权”制度，实行矿业权物权登记与矿产资源勘查开采行为许可相分离，建立了矿业权登记和勘查开采许可制度，分别发放权证和许可证；二是改革矿业权申请审批制度，全面实行矿业权竞争性出让制度，除按规定可以协议出让或以其他方式设立外，矿业权应当通过招标、拍卖、挂牌方式出让；三是改革探矿权优先取得采矿权制度，探矿权在探明可供开采的矿产资源后可以转为采矿权；四是改革油气探矿、采矿两阶段制度，建立了油气矿业权“探采合一”制度，勘查过程中发现可供开采的石油、天然气等矿产资源的，可以进行开采；五是建立了矿业权出让合同管理制度；六是建立了探矿权勘查周期制度和核减勘查面积制度；七是建立了勘查方案和开采方案管理制度；八是建立了矿区生态修复制度；九是完善了矿产资源压覆管理制度；十是健全了矿产资源监督管理制度，等等。

善治是法治之目标。矿业繁荣绿色高质量发展是大家共同心声和期盼。贯彻实施好新《矿产资源法》，首先需要正确理解和准确把握新《矿产资源法》精神实质和主要内容；其次需要研究制定科学性强、针对性强、操作性强的配套法规和政策文件；最后需要加强教育培训和宣传，统一思想认识、凝聚共识、形成合力、落实到位。

自然资源部油气资源战略研究中心长期以来参与和支撑矿产资

源法律法规修改研究和起草工作，是新《矿产资源法》修改全过程的亲历者、见证者、参与者，2024 年伊始就组织相关研究人员围绕矿产资源法修改重点问题开展专题研究，形成《新〈矿产资源法〉重要制度研究与思考》专著，把多年来所思所想落于纸上，也算有感而发。

本书共分三篇 13 章，第一篇围绕矿业权管理制度改革开展专题研究，探索矿业权管理新模式，包括矿业权改革实践、区块来源、出让与登记、权证分离 4 章；第二篇围绕矿产资源勘查开采管理制度改革开展专题研究，探索构建勘查开采管理新机制，包括勘查激励、勘查方案、开采方案、油气探采合一、禁限区勘查开采 5 章；第三篇围绕矿产资源保护与监督制度改革开展专题研究，探索加强矿产资源保护与监督新举措，包括评审备案管理、压覆矿产资源管理、全过程监管、联合监督检查 4 章。各章节既前后呼应，又自成体系，梳理制度历史沿革和管理现状，总结成效和剖析问题，跟踪改革探索，介绍国外做法，提出政策建议。

全书由苏迅统筹谋划，景东升组织实施。具体撰写分工如下：前言由许书平执笔；第一章由许书平执笔；第二章由许书平、毛俊莉、司芗、韩亚琴、郭丽娜、李品德执笔；第三章由孔宁、郭丽娜、王硕、任思达执笔；第四章由许书平、王建忠、司芗执笔；第五章由许书平、司芗、韩亚琴、刘卓亚、王陆新、李品德执笔；第六章由许书平、司芗、韩亚琴、李品德执笔；第七章由王建忠、郑晓涵、许书平、王硕、王倩、董立功执笔；第八章由韩亚琴、毛俊莉、王硕、孔宁执笔；第九章由司芗、许书平、韩亚琴、郭丽娜、李品德执笔；第十章由陈敏、苗琦、刘雨晨执笔；第十一章由陈敏、苗琦、刘雨晨执笔；第十二章由文雅萍、刘启鹏执笔；第十三章由黄梦曦、刘启鹏执笔；结语由许书平执笔。苏迅、景东升、许书平、孔宁、韩亚琴、李品德负责全书统稿。袁际华、陈华明、姜文利、陈红、丁锋、申延平、孟刚、卜小平等对全书提出了宝贵修改建议。

由于时间仓促，受认识水平所限，我们对一些问题的研究还不够深入和细致，不足、不当之处，敬请广大读者批评指正。

作　者

2025 年 3 月 26 日

目　　录

第一篇　矿业权管理新模式

第一章　矿业权改革实践……………………………………………………（3）

第一节　矿业权管理改革决策部署 ………………………………………（3）

第二节　矿业权管理改革具体举措 ………………………………………（5）

第三节　矿业权管理改革内在逻辑………………………………………（11）

第四节　矿业权管理改革展望……………………………………………（14）

第二章　区块来源 …………………………………………………………（17）

第一节　区块是什么………………………………………………………（17）

第二节　区块形成和产生…………………………………………………（24）

第三节　区块来源和出让…………………………………………………（27）

第四节　区块来源和出让主要问题………………………………………（30）

第五节　拓展区块来源和科学出让意见建议……………………………（34）

第三章　出让与登记 ………………………………………………………（37）

第一节　矿业权出让登记管理演变逻辑…………………………………（38）

第二节　新矿法确定的矿业权出让登记制度……………………………（52）

第四章　权证分离 ……………………………………………………（62）
第一节　新制度带来矿业权管理方式变革………………………（62）
第二节　新制度运行推演遇到的疑难点…………………………（63）
第三节　新制度顺利落地实施意见建议…………………………（66）

第二篇　勘查开采管理新机制

第五章　勘查激励 ……………………………………………………（71）
第一节　促进加快勘查进程制度规定……………………………（72）
第二节　促进加快勘查改革决策部署……………………………（74）
第三节　促进加快勘查进程改革探索……………………………（75）
第四节　制约探矿权勘查的原因分析……………………………（78）
第五节　加快勘查激励机制意见建议……………………………（80）
第六章　勘查方案 ……………………………………………………（84）
第一节　勘查方案管理历史回顾…………………………………（84）
第二节　新时代勘查方案管理改革探索…………………………（91）
第三节　勘查方案管理新定位和新要求…………………………（94）
第四节　构建新的勘查方案管理机制意见建议…………………（97）
第七章　开采方案……………………………………………………（104）
第一节　开采方案制度沿革与管理实践 ………………………（104）
第二节　开采方案的新定位、作用与编制内容 ………………（109）
第三节　构建开采方案管理新机制设想 ………………………（121）
第八章　油气探采合一………………………………………………（124）
第一节　油气探采合一制度建立 ………………………………（124）

第二节　油气探采合一制度实施及存在的问题 …………（126）
第三节　国外油气勘探开发一体化管理 ……………………（132）
第四节　新矿法下油气探采合一制度的考虑 ………………（136）
第五节　油气探采合一制度管理体系设计建议 ……………（140）
第九章　禁限区勘查开采……………………………………（149）
第一节　禁限区勘查开采管理制度历史沿革 ………………（149）
第二节　现行禁限区勘查开采差别化管理 …………………（156）
第三节　需要关注的主要问题 ………………………………（160）
第四节　完善差别化管理意见建议 …………………………（164）

第三篇　保护与监督新举措

第十章　评审备案管理………………………………………（173）
第一节　评审备案制度沿革与现状 …………………………（173）
第二节　面临的主要挑战与考验 ……………………………（180）
第三节　国外管理经验借鉴 …………………………………（183）
第四节　政策建议 ……………………………………………（187）
第十一章　压覆矿产资源管理………………………………（191）
第一节　压覆管理制度沿革与管理现状 ……………………（191）
第二节　存在的主要问题 ……………………………………（197）
第三节　地方改革探索与土地草地征用做法借鉴 …………（201）
第四节　政策建议 ……………………………………………（205）
第十二章　全过程监管………………………………………（212）
第一节　勘查开采监管沿革 …………………………………（212）

第二节　勘查开采监管现状与问题 …………………………（215）
第三节　新矿法下勘查开采监管面临的新要求 …………（220）
第四节　完善勘查开采全过程监管的建议 ………………（222）
第十三章　联合监督检查…………………………………（229）
第一节　矿产资源勘查开采监督检查体系 ………………（229）
第二节　联合监督检查面临的新形势新要求 ……………（237）
第三节　政策建议 …………………………………………（241）
结语 ………………………………………………………（246）
参考文献 …………………………………………………（253）
附录　中华人民共和国矿产资源法 ………………………（260）

第一篇
矿业权管理新模式

第十六条 国家实行探矿权、采矿权有偿取得的制度。

探矿权、采矿权统称矿业权。

第十七条 矿业权应当通过招标、拍卖、挂牌等竞争性方式出让，法律、行政法规或者国务院规定可以通过协议出让或者其他方式设立的除外。

第十八条 国家鼓励单位和个人向县级以上人民政府自然资源主管部门提供可供出让的探矿权区块来源；对符合出让条件的，有关人民政府自然资源主管部门应当及时安排出让。

第二十二条 设立矿业权的，应当向矿业权出让部门申请矿业权登记。符合登记条件的，矿业权出让部门应当将相关事项记载于矿业权登记簿，并向矿业权人发放矿业权证书。

第二十三条 探矿权人在登记的勘查区域内，享有勘查有关矿产资源并依法取得采矿权的权利。

采矿权人在登记的开采区域内，享有开采有关矿产资源并获得采出的矿产品的权利。

矿业权人有权依法优先取得登记的勘查、开采区域内新发现的其他矿产资源的矿业权。具体办法由国务院自然资源主管部门制定。

在已经登记的勘查、开采区域内，不得设立其他矿业权，国务院和国务院自然资源主管部门规定可以按照不同矿种分别设立矿业权的除外。

——《矿产资源法》（2024年修订）

第一章

矿业权改革实践

新《矿产资源法》增加了“矿业权”一章，对矿业权管理制度相关内容作了整体性、系统性、重构性修改，是一次重大制度变革。本章梳理回顾了矿业权管理改革历程，探究矿业权管理改革内在逻辑，对未来改革进行了展望。

第一节　矿业权管理改革决策部署

矿产资源勘查开发事关国计民生和国家安全。开展矿产资源勘查开发必须依法取得矿业权。党中央、国务院高度重视矿产资源勘查开发工作，先后印发了《生态文明体制改革总体方案》《矿业权出让制度改革方案》《矿产资源权益金制度改革方案》《关于统筹推进自然资源资产产权制度改革的指导意见》等文件，对全面深化矿业权管理改革作出了一系列决策部署。

（本章执笔人：许书平）

一是推进矿业权市场化出让。遵循市场经济规律，充分发挥市场在资源配置中的决定性作用，减少政府对资源的直接配置，推动依据市场规则、市场价格、市场竞争进行资源配置，提高资源配置效率和公平公正性。党中央、国务院先后在《生态文明体制改革总体方案》《矿业权出让制度改革方案》等文件中，作出矿业权市场化出让改革决策部署，要求矿业权原则上实行市场化出让，全面推进矿业权竞争性出让，严格限制矿业权协议出让，建立符合市场经济要求和矿业规律的探矿权采矿权出让方式。

二是完善矿业权有偿出让制度。发挥市场价格形成作用，使价格反映市场供求和资源稀缺程度，体现矿产资源价值，维护矿产资源国家所有者权益。党中央、国务院作出矿业权有偿出让制度改革决策部署，将矿业权有偿出让收取的矿业权价款调整为矿业权出让收益，征收的对象由对国家出资探明矿产地的矿业权调整为对所有出让的矿业权，有偿出让的内涵由反映国家投资收益调整为体现国家所有者权益。

三是完善矿业权有偿占用制度。运用经济手段激励矿产资源勘查开采，调节矿业权持有成本，持有矿业权时间越长所需支付的占用费越高，从而促进矿业权人加大勘查投入，加快勘查进度，主动退出没有找矿发现的区域，使所申请的勘查范围大小适宜，防范“跑马圈地”“圈而不探”行为。推进矿业权有偿占用制度改革，要求建立累进动态调整机制，合理确定矿业权占用费收取标准，根据矿产品价格变动情况和经济发展需要实行动态调整。

四是合理划分矿业权审批权限。推进中央与地方事权划分规范化、法律化，建立事权和支出责任相适应的矿业权分级管理制度，由地方管理更方便有效的经济社会事项，一律下放地方管理，减少中央政府对微观事务的管理。完善矿业权分级出让制度，要求合理划分各级管理机关矿业权出让审批权限，加强宏观管理，提高审批效率，降低管理成本：在山西、新疆等6省（自治区）进行改革试点，将原属于自然资源部审批登记发证的煤、铁、铜、铝等矿产的探矿权，以及铁、铜、铝、磷、钾等矿产资源储量规模中型及以下的采矿权，均下放到省级自然资源主管部门进行审批登记发证。

五是完善矿业权审批登记制度。深化行政审批制度改革，转变政府职能，创新行政管理方式，建设服务型政府。一是合理设定矿业权有效期；二是健全完善矿业用地管理；三是探索油气探采合一权利制度；四是实行更加严格的区块退出机制；五是实行更加便捷合理的区块流转制度。

六是有序放开油气勘查开采市场。激发市场活力，吸引民营企业、外资企业等各类市场主体进入油气勘查开采领域，促进加大油气勘查开采力度，实现增储上产，提高国内能源资源保障能力。实行油气勘查开采体制改革，要求完善并有序放开油气勘查开采，允许符合准入要求的市场主体参与常规油气勘查开采。

第二节　矿业权管理改革具体举措

为贯彻落实党中央、国务院改革决策部署，自然资源部先后出台了多个文件，实施了一系列改革举措，深化矿业权出让制度、矿业权税费制度、矿业权审批管理、矿业权简政放权管理等改革，将矿业权管理改革向纵深推进。

一、深化矿业权出让方式改革

为贯彻落实全面推进矿业权竞争性出让决策部署，自然资源部于 2019 年 12 月印发了《关于推进矿产资源管理改革若干事项的意见（试行）》（自然资规〔2019〕7 号），要求除协议出让等特殊情形外，矿业权一律以招标、拍卖、挂牌方式公开竞争出让；对于矿业权协议出让，自然资规〔2019〕7 号文将协议出让范围严格限定为下列 3 种情形：一是稀土和放射性矿产勘查开采项目；二是国务院批准的重点建设项目；三是需要利用原有生产系统进一步勘查开采已设采矿权深部或上部的同类矿产。

2023 年 7 月，自然资源部印发了《关于深化矿产资源管理改革若干事项的意见》（自然资规〔2023〕6 号），重申要全面推进矿业权竞争性出让。同时考虑到矿产资源合理高效利用和矿山安全生产，自然资规〔2023〕6 号文对矿业权协议出让的情形进行了优化，除允许已设采矿权深部或上部区域可以协议出让矿业权外，已设采矿权周边、零星分散资源、夹缝区域，符合规定要求，可以协议方式出让矿业权。优化矿业权协议出让管理，有利于促进资源合理配置、矿山合理布局，鼓励就矿找矿，提高资源利用效率，防范矿业企业越界开采周边、零星分散资源而引发安全生产事故。

针对探矿权竞争性出让中“价高者得”存在的问题，2024 年 7 月，自然资源部办公厅印发《关于鼓励地勘单位和矿山企业提供勘查区块建议 促进战略性矿产勘查的通知》（自然资办发〔2024〕32 号），探索优化探矿权竞争性出让方式，要求矿业权出让机关探索将探矿权出让方式由挂牌为主转向招标等多种方式，评标要突出勘查部署、绿色勘查等技术因素，择优确定中标人，以鼓励地勘单位和矿山企业提供战略性矿产勘查区块建议，促进战略性矿产增储上产。

二、改革矿业权税费制度

矿产资源权益金制度是对矿产资源税费制度进行的全面改革。2019 年 8 月颁布的《资源税法》，改革资源税计征方式，由主要从量计征调整为从价计征。财政部、国土资源部印发的《矿业权出让收益征收管理暂行办法》（财综〔2017〕35 号），对体现国家所有者权益的矿业权出让收益征收管理作出了具体规定，明确了征收情形，新出让的矿业权均需要征收矿业权出让收益。该文件实施前，以申请在先方式取得的探矿权，对于完成有偿处置的，不需要征收矿业权出让收益；没有进行有偿处置的，需要征收矿业权出让收益，其中已转为采矿权的按剩余储量征收，未转为采矿权的在采矿权新立时征收。同时，明确了征收的方式，矿业权出让收益在矿业权出让时一次性确定，原则上以金额方式征收，可以一次性征收，也可以分期征收；对于资源储量较大、矿山服务年限较长、市场风险较高等情形的矿业权，可探索以率的形式征收。

为解决反映强烈的矿业权出让收益征收环节靠前节奏偏快、企业负担较重等问题，通过跟踪总结改革实践，广泛听取各方面意见建议，2023 年 4 月，财政部、自然资源部、国家税务总局对《矿业权出让收益征收管理暂行办法》进行修改完善，印发了《矿业权出让收益征收办法》（财综〔2023〕10 号），调整矿业权出让收益征收方式：将主要按金额方式征收调整为主要按率的方式征收；将主要在出让环节、勘查期间征收调整为主要在开采环节、销售矿产品后征收；出让收益征收方式由原来的按金额一次或几次集中在矿山开发的前期征收，调整为主要按出让收益率结合矿产品销售收入的方式在企业生产销售后的每年征收。通过完善矿业权出让收益征收管理制度，降低了企业前期财务成本和找矿风险，促进加快转采、投产，尽快增储上产。

三、改革矿业权出让登记分级管理

在矿业权出让登记权限划分上，自然资规〔2023〕6 号文继承了自然资规〔2019〕7 号文规定。一是改革矿业权出让登记权限划分标准，按照矿种划分权限，不再按照勘查投资金额、勘查面积等划分探矿权出让登记权限，不再按照开采区域、资源储量规模等划分采矿权出让登记权限；二是改革探矿权出让登记管理层级，探矿权、采矿权均按照相同的矿种划分不同层级自然资源主管部门的权限，实现探矿权与采矿权登记管理层级一致性。

按矿种划分矿业权出让登记权限，使探矿权新立、延续、保留和探矿权转采矿权新立、延续在同一登记管理机关办理，避免在不同登记管理机关来回变动，有利于保障矿业权登记管理的连续性、稳定性。

四、深化矿业权审批管理改革

一是合理延长探矿权登记期限。自然资规〔2019〕7号文将探矿权新立时间设为3年、每次延续时间为2年，调整为探矿权新立和每次延续时间均为5年；自然资规〔2023〕6号文在此基础上又进一步将探矿权每次保留时间由2年调整为5年。

二是完善探矿权勘查区块退出机制。自然资规〔2019〕7号文规定探矿权延续时需要缩减勘查面积（已提交资源量的范围可以不缩减面积），不再与勘查阶段挂钩，而在此之前规定探矿权延续时若不能提高勘查阶段要缩减勘查面积，若提高了勘查阶段则不需要缩减面积。自然资规〔2023〕6号文将扣减面积的比例由之前的25%降低到20%，扣减面积的基数由之前首次设立的勘查许可证载明面积调整为延续时勘查许可证载明面积，明确已提交资源量的范围不计入扣减基数。

三是优化矿业权矿种变更管理政策。2023年5月，自然资源部印发了《关于进一步完善矿产资源勘查开采登记管理的通知》（自然资规〔2023〕4号），对矿业权矿种变更管理作了重大调整，放宽了矿种变更限制，鼓励综合勘查、综合评价，除少数几种情形不允许变更勘查矿种外，均允许变更（增列）勘查开采矿种。而之前则严格限制探矿权矿种变更，仅允许金属类矿产可变更为其他金属类矿产。

四是放宽矿业权转让管控措施。自然资规〔2023〕4号文对矿业权转让管理政策作了重大调整，放宽矿业权转让变更限制，明确以市场竞争方式取得的探矿权，若要转让探矿权，不受持有探矿权的时间限制；以协议方式取得的矿业权，若要转让矿业权，持有矿业权的时间限制由10年缩短为5年。此举促进了矿业权公开流转，减少为规避矿业权转让而进行私自交易的行为，规范了矿业权市场秩序。

五、优化矿业权登记程序，精简申请要件

一是优化矿业权登记程序。自然资规〔2023〕4号文取消了划定矿区范围审批，将划定矿区范围与采矿权新立登记合并审批；采矿权深部、上部开展勘查工作，不需要办理探矿权新立登记，待探明可供开采矿产资源后，直接办理采矿权扩大范围变更登记；探矿权人对勘查区域内勘查发现其他矿种的，不需要办理勘查矿种变更（增列）登记，符合转采矿权条件的，办理采矿权新立登记时一并确定开采矿种。

二是精简矿业权登记要件。管理机关能够通过内部管理取得的要件或通过政府间信息共享获取的要件，不再需要申请人提供，如企业营业执照等申请资料。对属于日常管理工作的事项，不再与矿业权登记进行捆绑，不需要在办理矿业权登记时提交，如地质资料汇交凭证等。减少相关管理事项的前置要件，由之前串联审批改为

并联审批，如环境影响评价报告及环保部门批复文件、安全生产设施设计批复文件等。

六、推进矿业权审批登记“互联网+政务服务”

为让矿业企业办事更方便、更快捷、更有效率，降低办事成本，2020 年 2 月，自然资源部发布《关于矿业权申请资料实行互联网远程申报的公告》，在自然资源部登记的矿业权，其申请人可以通过网上远程申报系统提交电子申请资料，不需要专程到自然资源部政务大厅提交纸质申请资料。

2021 年 6 月，自然资源部发布了部本级应用电子矿产资源勘查许可证、采矿许可证有关事项的公告，为已登记的矿业权颁发电子勘查许可证、采矿许可证，持续优化政务服务，让数据“多跑路”，让群众“少跑腿”，不断提升矿业企业的获得感和满意度。

第三节　矿业权管理改革内在逻辑

通过梳理回顾矿业权管理改革顶层设计和具体举措，可以清晰看出改革主线和所遵循的内在逻辑，这也将是矿业权管理今后的改革方向。

一、更加突出人民性

矿业权管理改革将坚持以人民为中心的发展思想贯穿于改革始

终，注重维护矿业权人的合法权益，解决矿业权人在勘查开采过程中遇到的难题。

通过改革完善制度，解决办证难、办证时间长等深层次问题。一是简化审批登记事项，取消了划定矿区范围审批、探矿权勘查矿种变更登记、已设采矿权深部或上部勘查办理探矿权登记等，从源头上减少了审批事项。二是下放审批登记权限，将直接面向基层的、由地方管理更方便有效的，一律下放到地方和基层管理，自然资源部只负责 14 种战略性矿产矿业权出让登记工作，其他矿产由省级及以下自然资源主管部门负责，尽量减少登记发证的管理层级，提高登记发证效率。三是将串联审批改为并联审批，环评报告、安全设施设计等要件不再作为采矿权登记的前置要件，并由各主管部门各自负责，实行并联审批，大大减少了办理采矿许可证所需时间。四是精简申请要件，能够由登记管理机关获取的要件，不再需要申请人提交，大幅减轻了申请人向相关管理部门获取申请要件材料的难度。

在解决勘查开采进场施工难的问题方面，一是通过实施海砂采矿权和海域使用权“两权合一”招拍挂出让，实现海砂采矿权和海域使用权相互衔接，解决了长期存在的海砂开采用海难题；二是实行矿业权“净矿”出让，做到与用地用林用草等审批事项相互衔接，保障勘查、开采过程中的用地需求，有效解决矿业权人依法取得矿业权后无法正常开展勘查开采工作的负担。

通过改革，运用信息化技术降低办证成本、提高办证效率。实行网上申报，提交电子申请资料，颁发电子许可证，申请人可以在全国甚至全球任何地方，通过互联网提交矿业权申请，办理登记审批手续，实现数据“跑路”、人不再“跑腿”，大幅降低办证时间成本和经济成本，提高办证效率。

二、更加尊重地质工作规律

地质工作有其特有的规律，矿业权管理在实践和改革探索中要不断深化对地质工作规律的认识，运用规律来解决遇到的问题和难题。一是放宽变更勘查矿种限制，鼓励综合勘查，除规定的特殊情形外，对勘查过程中发现的矿产，可以办理采矿权登记进行开采，充分调动风险勘查投资积极性，促进加大勘查投入，加快勘查进程。二是对于已设采矿权深部、上部、周边等区域，如发现可供开采矿产资源可以通过协议方式出让矿业权，不再需要以招标、拍卖、挂牌等竞争方式出让，鼓励“就矿找矿”，推动实现找矿新突破，同时将零星分散资源合理利用，提高资源利用效率。三是调整矿业权出让收益征收方式，主要在开采环节、以矿产品销售收入一定比例按年征收，解决矿业权出让环节资源储量确定的难题，增强制度科学性，既维护了国家权益又减轻了矿业企业前期财务负担和降低找矿风险。

三、更加尊重市场经济规律

随着我国矿业权市场化程度越来越高，构建科学合理的矿业权管理制度，促进矿产资源勘查开采高质量发展，必然要求按市场经济规律想问题、出政策、办事情。一是使市场在资源配置中起决定性作用和更好地发挥政府作用，对矿业权有偿取得的价格由评估确定变为由市场竞争确定，防范人为技术判断引发风险；放宽矿业权转让限制，取消以招标、拍卖、挂牌方式取得的探矿权转让年限限制，缩短以协议方式取得的矿业权转让年限限制，促进探矿权流转，优化资源配置。二是运用经济手段，将矿业权使用费制度调整为矿业权占用费制度，通过提高矿业权人持有成本，促进矿业权人加大勘查投入，加快勘查进程，抑制“圈而不探”“占而不采”等行为。三是运用经济手段，使改革后的矿业权出让收益征收的额度与征收时间节点，更加符合矿产勘查开采企业自身的经济运行规律。

第四节　矿业权管理改革展望

一是改革成果固化为制度。改革和法治如鸟之两翼、车之两轮，相辅相成、相伴而生。通过推进矿业权管理改革，积累了大量经验做法，建立健全管理制度，解决了管理中存在的突出问题和深层次矛盾，对于这些经过实践证明行之有效的措施规定，通过正在修订的矿产资源法律法规采纳吸收，形成制度规定，以法律法规固化改革成果，做到管理有法可依，实现改革与法治相互促进、相互推动，推进矿业权管理治理体系和治理能力现代化。

二是改革由“点上突破”形成“系统集成”。深化矿业权管理改革取得了显著成效，破解了管理难题，促进了矿业行业高质量发展，但改革条块分割、不协调、不配套等问题仍然存在。随着矿业权管理改革的深入推进，改革将会由“点上突破”形成“系统集成”，更加注重各项改革之间的衔接配套，增强改革系统性、整体性、协同性，推动各项改革举措同向发力、形成合力，形成相互联动、整体推进的新格局。比如，矿业权出让制度改革全面推进矿业权竞争性出让，矿业权登记管理制度改革也将会随后展开，形成改革合力，解决办证时间长、办证难，以及出让区块来源难题等问题。

三是改革实现多目标动态平衡。矿业权管理目标具有多维性，如保障矿产资源国家所有者权益和维护矿业权人合法权益，兼顾矿产资源国家所有和矿产资源所在地利益，加强矿产资源勘查开发和生态环境保护，统筹当前和长远矿产资源保障经济社会发展需要。因此，矿业权管理改革必须服务国家发展战略，既聚焦重点，又统揽全局；既立足当前，又着眼长远。矿业权管理改革从单一目标向多目标转变，实现多目标动态平衡，促进矿产资源合理开发利用，推动矿业高质量发展，保障国家矿产资源安全，推进生态文明建设，实现国家（中央、地方）、矿业行业、矿业企业、矿区群众等利益相关方共赢。

四是改革坚持以人民为中心的价值取向。贯彻落实党中央、国务院决策部署，把以人民为中心的价值取向贯穿矿业权管理改革全过程，尊重规律，借鉴国外做法，结合我国国情，进一步健全我国矿业权管理制度，切实解决矿业权人在矿产资源勘查开采过程中遇到的难题，持续优化矿产资源勘查开采营商环境，充分保障矿业权人合法权益，使矿业权登记更加便捷高效，推动实现“开矿一座、造福一方”，促进乡村振兴和共同富裕。

第二章

区块来源

新《矿产资源法》全面实行竞争性方式出让矿业权管理制度，对以往矿业权申请审批管理制度作出重大改革。区块是竞争性方式出让矿业权的基础，没有区块，出让矿业权就无从谈起，矿业权出让成了无源之水。新《矿产资源法》为拓展区块来源，明确规定："国家鼓励单位和个人向县级以上人民政府自然资源主管部门提供可出让的探矿权区块来源"。因此，区块来源与矿业权竞争性出让制度落地实施紧密相关。

第一节　区块是什么

新《矿产资源法》提出了"区块"概念，但对于区块的标准和要求并没有进行界定和明确，因此在研究区块来源之前，探究区块是什么，达到什么样的标准和要求才能够称之为区块，非常有必要。

（本章执笔人：许书平、毛俊莉、司芗、韩亚琴、郭丽娜、李品德）

一、区块概念的提出

1986 年《矿产资源法》颁布实施，建立了探矿权采矿权管理制度，将矿产资源勘查开采管理纳入法制化轨道，实现了有法可依。为便于科学化和规范化管理，避免矿产资源勘查、开采作业区的范围相互交叉重叠，减少矿业权的权属纠纷，借鉴国外经验做法，1994 年国务院颁布实施《矿产资源法实施细则》，首次提出了“区块”的概念，第五条规定：“矿产资源勘查工作区范围和开采矿区范围，以经纬度划分的区块为基本单位。”

通过总结管理实践经验做法，将矿产资源勘查区块管理上升为法律制度，1996 年修正后的《矿产资源法》明确提出国家对矿产资源勘查实行统一的区块登记管理制度，1998 年国务院颁布配套法规《矿产资源勘查区块登记管理办法》对勘查区块登记管理作出具体规定；对矿产资源开采矿区范围则不再实行区块管理。

由此可见，矿产资源法律法规提出的区块概念，是指按经纬度的一定间隔划成的范围，是登记管理矿产资源勘查开采范围的度量衡单位，经纬度 1′×1′为一个基本单位区块，面积大概为 2~3 平方千米。实行区块管理的主要目的是为了管理的便利，有利于对矿产资源勘查开采进行统一规划、合理布局、综合利用。

二、区块内涵的变化

随着矿业权管理制度、管理政策和管理要求的变化，矿业权以申请方式取得逐步转向竞争性方式出让，矿业权由无偿取得转为有偿取得，区块的内涵和要求也随之发生相应变化。随着以竞争性方式出让矿业权力度加大，出现了区块来源、区块出让、勘查区块等有关区块概念，区块的内涵也发生了变化，区块不再是用来登记管理矿产资源勘查范围的度量衡单位，探矿权也不再按照基本单位区块、四分之一区块和小区块来设立，区块变成了泛指区域空间范围的概念。

不论是以申请方式取得矿业权，申请人选取区块，还是以竞争性方式出让矿业权，管理机关选取区块，最终目的都是为了设立矿业权。区块作为设立矿业权的载体，在出让或设立矿业权前还需要符合以下几方面条件：一是区块符合国土空间规划、矿产资源规划等要求，不属于禁止勘查开采区，允许开展勘查开采作业；二是区块符合排他性可以设置矿业权，区块范围内没有设置矿业权，或虽设置了矿业权，但按规定允许在平面范围内重叠设置；三是区块的空间范围符合矿业权设置的规范，不超过规定的最大勘查面积限制；四是区块地质信息显示具有找矿前景，如果没有找矿前景，投资者也就不可能会申请或参与竞争取得矿业权；五是如果管理机关实行“净矿”出让，区块还需要与用地用林用海等审批事项衔接，还需要将地面附属物等提前处理到位，确保出让矿业权后，矿业权人能够顺利办理许可证和顺利进场开展矿产资源勘查开采工作。

三、对区块的几种不同理解和认识

矿业权全面实行竞争性出让以来，区块是什么，大家有不同的理解和认识，归纳起来主要有以下几种观点：

第一种观点认为，区块要有一定的地质工作基础，并由此能够推断具有找矿前景和潜力。理由是：矿业权一律由管理机关以公开竞争性方式出让，管理机关提供的区块进行矿业权出让，投资者参与竞争取得矿业权，代表投资者对管理机关的信任，相信管理机关拿出来出让的区块，有地质成果资料为依据，表明具有良好的找矿前景。管理机关如果把地质工作程度低的区域甚至是没有地质工作基础的空白区作为区块，拿出来公开竞争性出让，勘查风险完全由投资者承担，会导致出让的区块找矿成功率降低，这将有损于管理机关的威信，不利于矿业健康可持续发展。

第二种观点认为，区块地质工作程度高一点或低一点都可以，可以有地质工作基础，也可以是没有地质工作基础的空白区。理由是：矿业权全面实行竞争性出让，区块完全由管理机关提供，如果区块都要具有一定地质工作程度才能进行矿业权出让，那么管理机关不可能获得足够多的区块来满足市场需求，最终结果会导致出让的矿业权数量大幅下降，只要把区块现有地质工作情况客观如实反映即可，由投资者自行判断，投资者对自己的投资行为负责。投资者对地质找矿的预期会反映在成交价上，成交价高代表市场认可，成交价低甚至流拍代表市场不认可。

第三种观点认为，区块要做到空间上“干净”，能够保障顺利进场开展矿产资源勘查开采作业活动。理由是：管理机关公开出让的矿业权，代表政府将从事矿产资源勘查开采的权利让渡给投资者，投资者为获得这一权利向政府缴纳了矿业权出让收益（矿业权价款），付出了相应的对价，理应获得顺利开展矿产资源勘查开采作业活动的权利。

第四种观点认为，区块只要符合规划不属于禁限区，允许进行矿产资源勘查开采就可以。理由是：矿产资源勘查具有不确定性，出让的区块范围往往较大，投资者取得探矿权后在区块的具体哪个区域部署开展物化探、槽探、坑探、钻探等工作，管理机关根本不可能事先就知道，并提前处理好相关事项。众所周知，找矿工作具有高度不确定性和高风险性，从全球找矿经验来看，探矿权能够探明可供开采的矿产资源，并转为采矿权进行开采的，总体上来说比例较低，事先对所有区块都做到空间上“干净”，不具有经济性和可行性，只能在勘查开采过程中遇到问题解决问题，不能事先把假想的问题统统都提前处理好，这样的话获得区块成本太高、难度太大、时间太长，管理机关根本没有能力获得足够多的区块满足市场需求。

四、对区块认识的探讨

对区块有不同的理解和认识是正常的，不同的群体从不同的立场、不同的角度看到的事物面貌会不一样，形成的观点、得出的结论也就可能会不同。这也就是所谓的“横看成岭侧成峰、远近高低各不同”。但为了推动新《矿产资源法》建立的全面实行矿业权竞争性出让制度顺利实施，对区块是什么进行深入探讨，明确区块的内涵和要求，统一思想认识，非常有必要。

一是关于区块地质工作程度高低的认识问题。矿业权以申请方式取得，区块由申请人提供，大家对区块地质工作程度高低并没有提要求，管理机关也没有因为地质工作程度低、担心不能探明可供开采的矿产资源，不予批准登记，反而是采取一系列措施鼓励风险勘查。因此，不能因为矿业权出让方式的变化，矿业权以竞争性方式出让，区块由管理机关提供，就要求出让的区块地质工作程度要高一些、勘查风险小一些、找矿成功率大一些，这样要求的结果会导致区块获得难度大、时间长，矿业权出让数量下降，同时，国家用财政资金进行风险勘查，国家下达计划任务代替市场行为，不符合社会主义市场经济发展要求。

二是关于区块找矿前景和潜力的认识问题。矿业权以申请方式取得，区块是否具有找矿前景和潜力，由申请人自行决定，承担高风险才能带来高收益，管理机关也没有因为自认为没有找矿前景和潜力，不予批准登记，反而是鼓励不同的主体对同一区块进行找矿尝试，比如，对探矿权核减的勘查区域、已注销退出的探矿权勘查区域，再次设立矿业权。因此，不能因为矿业权以竞争性方式出让，区块由管理机关提供，就要求出让的区块具有好的找矿前景和潜力，由管理机关作出决断和承担责任。找矿前景和潜力本身就是有较强的主观判断性，矿产资源埋藏在地底下，看不见、摸不着，没有探明之前具有较大的不确定性，需要专业人员采取专业勘查技术方法一步一步验证，在被验证之前，会有多种推测，不同的专业人员会有不同的判断，管理机关的判断也只是一方的意见，不一定比投资者判断准确，也不能代表投资者的意见，而且投资者群体人员众多，不同的人员也会有不同的判断，管理机关也不能由自己的判断代替市场所有投资者的判断。

三是关于区块“净”的程度的认识问题。区块是设立矿业权进行勘查开采的载体，管理机关出让矿业权，让渡的是矿产资源勘查开采的权利，而不是区块本身，不能把区块出让当作一般商品交易来理解和认识，附着在区块上的还有其他的权属关系和行政许可事项，涉及多部法律法规规定和多部门行政管理，要把矿产资源勘查开采过程中可能遇到的事项提前考虑和解决，管理成本较大。同时，区块地质工作程度越低，矿产资源勘查的不确定性越大，如何部署勘查施工、是否能探明可供开采的矿产资源都有很大的不确定性，这是地质工作规律，把不确定性的事项当作确定性事项提前解决处理到位，往往会事倍功半。管理机关从主动作为、为民办实事解难题的立场出发，平衡好成本与收益，遵循客观规律，对区块可以分类提出要求，区块地质工作程度高的，区块“净”的程度可以要求高一些。

综上所述，区块是设立矿业权的载体，是矿产资源勘查开采的对象，出让区块不是出让区块本身，而是出让对区块进行勘查开采的权利，以及探明可供开采矿产资源转为采矿权、开采矿产资源并销售矿产品的权利。一个区域范围要成为区块，需要符合矿产资源勘查开采准入要求、符合设置矿业权条件要求，不是所有的区域范围都可以称之为区块。至于区块地质工作程度要根据需要，不能定一个标准机械执行。至于区块找矿前景和潜力应由市场来判断，不是由管理机关来决定，不是由专家来决定，也不是由部分投资者来决定，而是由全体市场主体共同决定。市场的判断反映在成交价上，成交价高代表市场看好，成交价低代表市场不看好。

第二节　区块形成和产生

矿业权全面实行竞争性出让，满足矿业市场需求，面临一个很大的难题是区块供给从哪里来。要解决区块供给问题，就要加快区块“生产”。区块是怎样“生产”出来的？“生产”起来很困难吗？为了说清楚这个问题，有必要梳理研究区块形成和产生的过程。

一、申请方式出让的区块形成和产生

矿业权实行申请审批登记制度，区块由矿业权申请人提供，矿业权申请人为获得符合自己意愿的区块，利用已有地质成果资料，或组织人员力量广泛搜集整理已有地质资料，发现找矿信息和线索，圈定出找矿有利区，进行现场实地踏勘，深入分析研究，确定申请开展矿产资源勘查工作的区域位置，形成了申请矿业权的区块。

矿业权申请人这一群体人员众多，包括专业从事矿产资源勘查开采工作人员，也包括从其他行业被吸引过来开展矿产资源勘查开采工作的投资者，大家对从事矿产资源勘查开采工作理解不一样、理念不一样、目的和出发点不一样等，表现在矿产资源勘查开采作

业行为上也不一样，对区块的认识和对区块的要求也不一样。有的投资者是稳健型的，希望地质找矿风险小一点，在选取区块申请矿业权时，更加注重区块的质量，会很慎重，进行深入研究分析，花费大量时间精力进行分析研究、现场踏勘，获得地质工作程度较高、找矿前景较好的区块；有的投资者是激进型的，愿意承担高的地质找矿风险，期望获得高回报，更加注重区块的数量，在选取区块申请矿业权时，要求会相对低一些；一些专业从事矿产资源勘查工作的单位和人员，愿意从事草根勘查，通过勘查发现找矿信息和线索后，转让给他人获得收益；一些矿山企业不愿意承担前期矿产资源勘查风险，也不愿意在矿产资源勘查上花费过多时间，愿意从矿业市场上购买一些工作程度高的、资源储量大的区块；还有的是投机者，只要是能够设置的矿业权的区块，都申请矿业权，在市场上进行炒作、待价而沽。

矿业权申请人这一群体人员众多，大家对同一个区块，也会有不同的判断和不同的需求，有的会认为这个区块找矿潜力大、前景好，有的会认为这个区块没有进一步开展勘查工作的价值，有的会认为这个区块所处的区域位置、主攻矿种符合自己需要的，有的会认为这个区块所处的区域位置、主攻矿种和自己的投资方向不相符，等等。

以申请审批方式取得矿业权，申请人会按照自己的意愿去做大量工作获取自己想要的区块，进行申请登记，成为矿业权人，拥有矿产资源勘查开采的权利。从事矿产资源勘查开采工作人员和投资者为实现自身利益，积极性得到充分调动，不辞辛苦奔波于崇山峻岭、戈壁沙漠中，克服艰难险阻，新的区块源源不断产生，由于这一群体人员众多，区块供给常常大于需求，管理机关为了调控供需实现相对均衡，时常会出台一些限制矿业权申请的政策措施。

二、竞争性方式出让的区块形成和产生

以竞争性方式出让矿业权，区块由管理机关提供，管理机关为获得可供出让矿业权的区块，组织人员力量对已有地质资料进行整理，圈定出找矿有利区，核实是否与已设置矿业权范围重叠，是否符合国土空间规划、矿产资源规划有关要求，弄清楚与永久基本农田、生态保护红线、自然保护地、公益林、水源保护区等之间的关系，依据成矿条件和地质构造等，按照矿业权设置要求，划定适宜矿业权出让的区域范围，形成了可供矿业权出让的区块。

管理机关产生区块的目的是用来出让矿业权，所以，管理机关对区块有自己的认识和理解，首先是符合规划，能够进行矿产资源勘查开采作业；其次是之前开展过相应的地质工作，有一定地质工作程度，有进一步找矿前景，有投资者愿意参与竞争取得；最后是出让矿业权能够取得较好的经济社会效益。

在实际管理中，管理机关选取区块进行矿业权出让时，更倾向于出让地质工作程度高的区块，出让对地质工作程度较低的区块会有一些担心和顾虑，一是担心市场主体参与竞争的意愿不强，不能成功出让；二是担心地质资料信息掌握不全，勘查发现大型储量规模的矿床，被追究把关不严造成国有资产流失责任；三是担心成交

价低，弥补不了出让成本，出让工作难以持续，难以获得地方政府的支持，特别是实行“净矿”出让，需要投入大量财政资金做前期工作；四是担心找矿成功率低，挫伤社会投资矿产资源勘查积极性，影响政府公信力。因此，对于工作程度较低、找矿前景不明的区块，矿业权出让机关不急于出让，对于工作程度低、成矿条件好的区块，政府愿意安排财政资金开展勘查工作，提高勘查工作程度后再出让矿业权。

由此可见，管理机关对于用来出让矿业权的区块，认为需要符合国土空间规划、矿产资源规划能够开展矿产资源勘查工作，有一定的地质工作基础且有找矿前景。所以，管理机关在形成区块过程中，需要花费大量人员精力，有些工作以自身力量难以完成，还需要借助下属单位、下级机关和相关部门力量共同完成。管理机关人员力量毕竟有限，受限于各方面的因素，产生的区块数量从总量上、结构上都很难满足市场需求。为了满足市场需求，增加区块供给，管理机关采取了一系列措施，鼓励地勘单位、矿山企业等为管理机关提供区块；新《矿产资源法》对国家鼓励单位和个人向管理机关提供可供出让的探矿权区块作出专门规定。

第三节　区块来源和出让

实行申请审批方式设立矿业权，管理机关不用操心区块来源，操心的是申请人自己选取区块、自己决定申请矿业权，如何让这些看似无序的个体申请矿业权登记行为变得有序、可控，实现供需平衡、合理布局。实行竞争性出让矿业权，管理机关可以通过调节矿业权的出让，调控矿业权设立的时序和布局，但区块来源和满足市场需求成为了管理机关需要关注的一个重要事项。

一、申请方式出让的区块来源和申请审批

以申请方式取得矿业权，申请人负责提供区块，并向管理机关申请矿业权，申请矿业权的区块来源主要方式：一是通过对以往地质资料进行收集、梳理、研究、分析，圈定有利找矿区块；二是通过实地踏勘发现矿化线索、物化探异常等矿化点、矿化带；三是通过购买的方式获得地质找矿成果信息；四是通过与他人合作方式获得地质找矿成果信息。

申请人通过多种方式、多种渠道获得自己心仪的区块，不是必然会能够获得批准登记，取得矿业权，需要符合矿业权登记管理要求，比如，申请的区块范围内没有设置矿业权，或虽然已设置矿业权但属于可以重叠设置矿业权的情形；符合国土空间规划、矿产资源规划等规划，不在自然保护区、国家公园、军事禁区、饮用水源地等禁限采区；符合国家产业政策、宏观调控政策等。

二、以竞争性方式出让的区块来源和出让

以竞争性方式出让矿业权，登记管理机关负责提供区块，并向社会发布公告出让矿业权，出让矿业权的区块来源主要方式：一是

将基础性地质调查成果转化为出让区块；二是将地勘基金等勘查项目成果转化为出让区块；三是对以往地质工作成果资料进行开发利用，圈定出让区块；四是从注销矿业权、过期废止矿业权、探矿权缩减勘查区域优选出让区块；五是各级管理机关报送的出让区块；六是地勘单位、企业、个人等报送的出让区块。

为增加区块来源，更好地满足市场需求，各地积极探索，形成了一些经验做法。一是启动社会报矿工作，公开向社会公众征集出让区块建议；二是加快清理过期矿业权，释放更多找矿空间，形成更多可供出让的区块；三是地勘单位与地方政府签订战略合作协议，针对各地区的优势矿产和国家经济发展急需的矿产，开展地质找矿工作，形成出让区块建议；四是调动地方政府积极性，组织市、县政府根据当地实际情况或市场需求报送出让区块建议，矿业权出让收益向基层倾斜；五是优化探矿权出让方式，探索以招标方式出让探矿权，评标中突出勘查部署、绿色勘查等技术因素，相应增加权重，择优确定中标人，鼓励地勘单位、矿业企业利用以往地质资料或结合正在开展的地质工作，提供区块。

管理机关采取了一系列措施鼓励单位和个人报送区块，拓展了区块来源渠道，增加了区块供给，成为有益补充，但是获得的这些区块并不意味着可以直接进行出让，还需要对区块做大量核实和审查工作。一是要核实是否符合规划，是否在生态保护红线等禁止、限制勘查开采区；二是要核实是否已设置了矿业权，是否为国家出资已开展勘查工作区域；三是要核实地质成果信息是否真实可靠，是否有地质工作资料作为依据。管理机关通过上述核实工作，会有相当一部分的区块不符合矿业权登记管理要求，有的是与已设矿业权范围重叠，有的是在自然保护地范围内，有的是涉及永久基本农田、Ⅰ级和Ⅱ级保护林地、基本草原等，还有的是提供的地质成果信息不实。即使是经过核实，报送的区块符合矿业权登记管理要求，也有一部分区块因不符合当前国家产业政策、国家宏观调控要求，暂时不会进行出让。因此，在实际管理中，管理机关收到了单位和个人报送的区块，但经过核实和审查后，符合条件能够进行出让的区块所占比例较小，大概占20%~30%，大部分区块不符合出让要求不能进行出让。

第四节　区块来源和出让主要问题

以申请方式取得矿业权，区块由申请人负责选取，是否申请、什么时间申请矿业权也是由申请人决定，申请人是主动方和发起方，管理机关是被动方和等待方，只有申请人提交申请后，才能启动矿业权审查批准的程序。以竞争性方式出让矿业权，区块由管理机关负责选取，在哪出让、出让什么矿种、出让多少、什么时间出让等都由管理机关决定，管理机关是主动方和发起方，申请人是被动方和等待方，只有管理机关发布出让公告后，才能决定是否参与竞争。

以申请方式取得矿业权和以竞争性方式出让矿业权，这两种管理方式有重大不同，因此，区块来源和出让的主要矛盾和问题也有很大不同。

一、申请方式出让的区块来源和审查审批主要问题

一是维护国家权益难的问题。以申请方式取得矿业权，区块质量高低与申请人的利益密切相关，申请人会想方设法提高所选区块的质量，希望所选的区块成矿条件好、地质工作程度高、资源潜力大，由于受利益驱使，可能会出现一些不正当行为甚至违法行为，一些承担国家地质调查、矿产勘查项目的单位和个人，不按要求如实编写和汇交地质资料，把地质找矿成果信息据为己有，自己申请或出售给他人申请获得此区块矿业权。

二是布局不合理性的问题。以申请方式取得矿业权，区块怎么选、在哪选、选多大等，由申请人决定，申请人首先考虑的是自身利益，按照有利于自己的原则选取区块进行申请，从宏观层面上缺乏统筹规划安排，在空间布局上会显得有些凌乱，历史上一度造成矿山小、散、乱的严重问题。有些申请人依照就矿找矿理论，省时省力，直接围着已生产矿山周围选取区块，矿业权之间相互犬牙交错，既不利于资源统一规划布局、合理布局、综合利用，又容易引发权属纠纷、矛盾不断，还不利于安全生产。

三是自由裁量权大的问题。按矿产勘查风险高低分类出让矿业

权，高风险类勘查可以申请方式取得探矿权，低风险勘查需要以竞争方式出让探矿权，管理机关在收到矿业权申请时，就涉及人为技术判断问题，确定申请的区块属于高风险勘查还是低风险勘查，赋予了管理人员自由裁量权，如果权力行使不当，就容易出现寻租行为引发违法问题。

四是市场调节滞后性的问题。申请人选取区块和申请矿业权，其个体行为看似是自发的、无序的，其实是受矿业市场调节的，矿业形势好的时候，投资意愿增强，投入加大，获得的区块数量、申请的矿业权数量增多；矿业形势低迷的时候，获得的区块数量、申请的矿业权数量则减少。由于矿产资源勘查开发具有长周期性，从开始找矿到矿山建成投产需要好几年甚至十几年的时间，这也是矿业周期性强和波动性大的重要原因，因此，当市场显现出矿产资源供应不足时，申请人开始加大区块获取力度，意味着已经滞后于实际供需关系，要达到新的平衡需要数年时间。

二、竞争方式出让的区块来源和出让主要问题

一是区块来源数量不足的问题。管理机关受行政管理体制所限，人员力量和经费有限，难以单纯依靠自身力量获得足够多的区块满足市场需求。依靠社会力量提供区块，又缺乏可操作、可实施管用的激励措施，比如，以拍卖、挂牌方式出让实行价高者得，难以做到优先出让给区块提供者；以招标方式出让可以向区块提供者倾斜，管理机关又担心有风险，不愿意实施；将出让收益的一

部分奖励给区块提供者也不具有可操作性。以竞争性出让矿业权，区块来源问题始终是困扰管理机关的一道难题。管理机关把存量地质成果资料形成的区块出让后，后续区块来源可持续性也是一大难题。

二是社会报送的区块质量不高的问题。管理机关采取各种措施拓展区块来源，单位和个人报送了一些区块，但区块质量总体来说不高，获得好的区块不容易。单位和个人向管理机关报送区块不能获得相应回报，好的区块仍愿闲置在自己手中也不愿意拿出来，想通过公开竞争方式获得自己报送的区块，担心报送了区块后，管理机关不会及时拿出来进行公开出让，拿出来公开出让了自己也不一定能够竞得，即使竞得了价格也可能不低。

三是不同矿种、区域的区块不平衡的问题。区块来源既要关注区块数量的总量，也要关注区块的结构，有可能区块总的数量不少，但是结构不均衡，有的矿种、区域的区块数量多，有的矿种、区域的区块数量偏少，而往往会出现国家宏观调控要加大投放力度的矿种和区域的区块数量不足，而国家宏观调控要控制投放的矿种和区域的区块数量却很多，也就是说国家所急需的区块偏少，国家暂时不需要的区块反而偏多。

四是区块出让与市场需求相匹配的问题。管理机关对市场变化感受，不如企业灵敏，企业作为市场主体，“春江水暖鸭先知”，能够更先察觉市场形势变化，提前作出反应。矿业权以竞争性方式出让，区块由管理机关提供，管理机关需要研判市场形势、市场需求，确定区块出让规模、结构、布局、时序等，以满足经济社会发展需要，实现供需相对平衡，这对管理机关提出了更高要求，做到清楚了解市场实际需求，统筹安排全国和各地区矿业权出让。

第五节　拓展区块来源和科学出让意见建议

新《矿产资源法》建立全面实行竞争性方式出让矿业权，对矿业权管理方式作出了根本性变革，与之相配套的区块来源渠道和措施也必须与之作出相适应的调整变化。

一是建立基础性地质调查工作与提供区块建议衔接机制，国家开展基础性地质调查工作目的是提供地质工作程度，降低找矿风险，在可以申请在先方式取得探矿权制度下，有利于吸引社会资金优选区块申请取得探矿权，加大矿产资源勘查投资，实现增储上产；在全面以竞争性方式出让探矿权制度下，地质调查工作要服务于为国家提供区块建议，服务于国家出让探矿权。国家需要在哪出让探矿权、出让什么矿种探矿权、出让多少探矿权，地质调查要把工作做在探矿权出让之前。

二是加大对已有地质资料再开发利用，新中国成立以来，国家投入大量资金开展地质工作，形成了大量地质资料，很多地质资料还没有得到有效利用，是一个大宝藏，国家有必要组织专业力量对已有地质资料进行梳理研究、开发利用，挖掘有价值的找矿信息，形成地质成果资料，提出区块建议。加大对过期矿业权和探矿权缩减的勘查区域进行研究，提出新的区块建议。

三是激励地勘单位、矿山企业和从业人员提供区块建议，一些地勘单位和人员承担国家地质调查工作任务，当时没有如实按要求编写汇交地质资料，有不少地质成果资料散落在各地勘单位，还有一些地质成果信息由地质人员掌握；矿山企业在对已有矿山进行开采过程中，对已有矿山上部、深部和周边地质成矿情况有较好的了解，掌握不少地质成果信息。国家需要有针对性、可操作、可实施的政策措施，对单位、个人予以合理奖励，或有利于其优先获得探矿权，激励地勘单位、矿山企业和个人提供区块建议。

四是对于国家紧缺的矿产、鼓励勘查开采区域，鼓励社会投资者开展地质调查工作，通过地质调查向国家提供有利找矿区块，国家对这些区块出让后，超出起始价的部分作为增值收益，与区块提供者按一定比例进行分成。以这种方式激励区块提供者，有利于培育草根勘查，引导地勘单位回归主业，专心找矿。

五是对于地质工作程度较低的区域，符合矿产资源规划鼓励勘查开采区，国家可以将这些区域按照一定的规则划分成大小合适的区块，向社会公布，以挂牌方式出让，按照自然资源部、财政部印发的《关于制定矿业权出让收益起始价标准的指导意见》（自然资发〔2023〕166号）规定确定矿业权出让收益起始价，由市场自行判断风险。自然资发〔2023〕166号文对工作程度低的区块，确定的矿业权出让收益起始价相对较低，就是充分考虑到了区块来源多元性，既有工作程度高的，更多的是工作程度较低的，以保障管理机关有足够多的区块来源，推动全面实行竞争性出让矿业权制度顺利实施，促进活跃探矿权出让市场。挂牌出让以一个时间段为周期，只要没有出让出去，直接进入下一个周期继续出让，直到出让出去为止。以这种方式出让探矿权，区块供应数量充足，有利于满足不同需求的投资者需要，并以合适的价格获得自己心仪的区块。对于投资者来说，获得探矿权相对较为容易，能够更好地吸引风险勘查投资者，一旦成果能获得高回报，愿意承担找矿高风险。

六是提升宏观调控能力，实现区块有序出让，保障国家矿产资源安全。矿业权以竞争性方式出让对管理机关提出了更高要求，需要与时俱进转变观念，克服旧有的路径依赖，充分发挥内在能动性，变被动设立矿业权转为主动出让矿业权，加强对市场需求分析研判，科学制定近期、中期、远期区块出让规划（计划），形成全国一盘棋，满足资源开采和产业布局需要、国家和地方需要、当前和长远需要，实现有序出让，保障矿产资源供需相对平衡；落实国家发展战略，引导市场投资方向，促进矿产资源开发利用与产业布局联动，推动矿山优化布局。

第三章

出让与登记

在矿业权管理中，受关注度最大的、讨论最多的、影响涉及面最广的应该是矿业权的出让登记管理。在矿业权出让之前，地质工作处于基础研究或调查评价阶段，一般为国家的公益性行为，并未开展商业意义上的勘查开采；矿业权出让之后，资源配置到具体矿业权人，赋予其勘查开采矿产资源的权利、获得矿产品的权利，以及出售矿产品、融资、转让以获取收益的权利，登记权利的载体为勘查许可证、采矿许可证。

一直以来，矿业权出让登记其实是出让和登记两个行为，但因为管理过程的连续性，以及两者之间的难以分割性，所以通常一起出现。矿业权出让是依据矿产资源的国家所有权，通过行政或市场的方式，将矿产资源使用权让渡给矿业权人的行为；矿业权登记，是出让部门审查勘查实施方案、开发利用方案等申请要件后，予以登记并颁发许可证的行政行为。

新《矿产资源法》对矿业权出让登记管理制度做出重大调整，

（本章执笔人：孔宁、郭丽娜、王硕、任思达）

由之前的“出让+登记”变为“出让+登记+行政许可”。本章讨论的重点，将围绕矿业权出让方式变化这条主线，探讨不同历史时期矿业权出让、登记和行政许可三者之间的关系，为贯彻落实新《矿产资源法》提出意见建议。

第一节　矿业权出让登记管理演变逻辑

1986年《矿产资源法》颁布以来，矿业权出让方式历经数次重大调整变化，可以划分为申请在先、逐步招拍挂、全面招拍挂三个阶段。矿业权出让方式为什么要变？出让标的物与出让方式、出让收益的关系是什么？出让、审批、登记的逻辑关系是如何的？都是我们值得深入探讨的问题。为便于把事情理顺说清，先将一个基本观点抛出，即矿业权出让方式变化是主线，审批登记围绕出让方式变化进行调整；而矿业权出让方式的变化，源于管理对象的变化以及维护公平的需要。

一、管理对象单一背景下的申请在先

这个阶段以1986年《矿产资源法》颁布到1996年《矿产资源法》第一次修正。期间，探矿权出让以申请在先方式为主，采矿权出让以行政配给和探转采方式为主。这个时期，经历了探矿权申请单位从以国有地勘单位为主，向多种类型社会主体的转变，而申请

主体的变化，直接推动了出让方式的变化。

（一）探矿权以申请在先方式出让

1986年《矿产资源法》颁布后，1987年国务院颁布了配套法规《矿产资源勘查登记管理暂行办法》，构建了当时的探矿权管理的基本框架。1986年《矿产资源法》规定“勘查矿产资源，必须依法登记”“国家保护合法的探矿权和采矿权不受侵犯”，《矿产资源勘查登记管理暂行办法》规定“申请勘查登记，由独立经济核算的勘查单位，凭批准的地质勘查计划或者承包合同的有关文件，分勘查项目填写勘查申请登记书、由该勘查单位或者由其主管部门，到登记管理机关办理登记手续，领取勘查许可证”。

让我们分析梳理一下这些条文规定了什么。

首先，1986年《矿产资源法》提出了探矿权的概念，1987年《矿产资源勘查登记管理暂行办法》提出了勘查许可证的概念。为保障勘查权利不受侵犯，要求依法进行登记，登记的载体是勘查许可证。

其次，规定申请探矿权的主体，必须是独立经济核算的勘查单位，这与当时矿业领域仍实行高度计划经济管理体制有关，勘查行业主体单一性，普遍认知是勘查找矿是国家行为，不属于可盈利的商业行为，其他社会主体没有取得探矿权的必要，统一由国家出资下达勘查任务，地勘单位按照国家下达的任务书开展勘查工作。反过来说，其他社会主体也没有获取探矿权的冲动。

最后，审查决定能否授予勘查许可证的依据，是地质勘查计划或者承包合同，即国家先行下达勘查计划，出让探矿权给实施勘查计划的地勘单位，地勘单位提出勘查许可证登记申请，地质矿产主管部门审批申请，颁发勘查许可证。

在整个探矿权出让、申请和登记过程中，审查实质上被分解为两个阶段，前期为勘查计划的审查，出让对象在勘查计划审查环节就已经确定，探矿权出让在审定勘查计划的环节就已经完成。后期为申请要件的审查，为形式审查，审查通过后即登记颁发勘查许可证，所以审批登记经常一起出现，就是源于审查要件和登记发证是在同一环节完成的。

接下来，我们再来看看勘查形势在这个阶段发生了什么变化。1986 年《矿产资源法》颁布时，矿产资源勘查可以总结为“任务国家下、资金国家拨、装备国家配、成果国家收”，是完全的体内循环。但这个体内循环的模式，随着社会主义市场经济深入发展和矿业发展形势变化，出现了地勘资金供需矛盾突出，地勘队伍过大、机制过死，社会资本难以进入勘查领域等突出问题。为解决这些问题，1985 年就提出了地勘单位“三化”改革，即部分地质成果商品化、地质勘查单位企业化或经营管理企业化、地质队伍社会化。这场地勘单位改革实施了多年，时到今日依然在进行中。从这次改革可以看出，体内循环模式被打破、多种所有制的社会资本进入勘查领域是现实困难的倒逼，已经被广泛讨论和认可，开放的勘查行业已经是大势所趋。

1994 年，《矿产资源法实施细则》颁布，明确“探矿权，是指在依法取得的勘查许可证规定的范围内，勘查矿产资源的权利。取得勘查许可证的单位或者个人称为探矿权人”“国家允许外资企业、国内各种经济成分企业和其他经济组织以及个人依照中华人民共和国有关法律、行政法规的规定，在中华人民共和国领域及管辖的其他海域投资勘查、开采矿产资源”。

这些规定全面放开了探矿权人的资质条件，不论是国有地勘单位、民营企业、外资企业，甚至是个人都可以申请并取得探矿权。全面放开体现了国家对矿产资源勘查管理理念的变化，在矿产资源勘查效益偏低的背景下，加之国家投入勘查经费难以保障、地勘技术人员流失严重、地质成果汇交不及时不完整等突出问题，只能选择引入社会资本来保障勘查投入，进而支撑经济社会发展对矿产品的需求。同时，当时普遍认为矿产资源勘查是探矿权人付出资金和技术，为国家找矿的行为，是应该充分鼓励的行为，不应过多限制，所以管理上持支持鼓励的态度，政策环境也较为宽松。

此时，出让探矿权的方式是申请在先，也就是先来先得，而地勘单位较之其他社会主体，除承担勘查计划以获得探矿权外，在探矿权申请政策上并没有特殊待遇。探矿权出让从勘查计划主导，转向市场申请主导，由市场主体自行判断哪些区域具有找矿前景，向管理机关提出探矿权登记申请。

申报单位或个人需要提交勘查实施方案等申请要件，作为管理机关是否同意授予探矿权的依据，但在实际管理中，勘查实施方案由实质性审查逐步向合规性的形式审查转变，管理机关主要审查在其探矿权申请范围内，是否与其他矿业权有重叠，或者存在不宜设置探矿权的情况。取得探矿权时，除有国家勘查投入情形以外，基本是无偿的，各方对探矿权的定义和属性不存在太大争议，仅为勘查矿产资源的权利，以及转采的优先权。

放开探矿权人资质后，各类社会资本大量涌入勘查领域，加之获得探矿权成本偏低，勘查积极性被充分激发，极大刺激了矿业的发展。但是，也出现了不少新问题，主要体现在：国家在几十年的时间内，通过地勘单位实施了大量的地质找矿工作，获得了大量的地质资料成果，由于部分地质资料未按规定汇交，不少地质资料散落在地勘单位及民间，一些投机者会通过各类方式与持有地质资料的单位或个人合作，占有应属于国家所有的找矿发现成果，在探矿权申请上形成了不公平竞争，造成了国有资产流失。

因为探矿权获得及持有成本较低，以及最低勘查投入考核困难等原因，出现了大量“跑马圈地”行为，申请获得大量探矿权，目的仅作为寻找合作对象或转让以投机获利。管理部门在探矿权出让中，具有较大的自由裁量权，也造成了一些不公平及腐败问题的发生。这些问题直接促生了矿业权出让方式的变化。

（二）采矿权出让以行政配给和探转采方式获取

再来看采矿权，这段时期内，大宗采矿权的出让，特别是对国计民生影响较大采矿权的出让，依然以行政配给的方式，交由大型国有矿山企业开采，一开始基本属于无偿配给，在后期大多以补缴价款的方式，实现了有偿化。这种行政配给的方式，比较类似于后来确立的协议出让方式，当然两者从出让流程、条件等方面并不完全等同，但同属定向配置资源的出让方式。

但对于小型及以下矿山企业，形势发生巨大变化。先看一组数据，“1997 年非国有小矿有 18.61 万个，采掘矿石量 25 亿吨，约占全国矿石采掘总量的 50%；矿业产值 679.31 亿元，占全国矿山企业总产值的 17.6%；从业人员达 601.19 万人，占 46.5%”。

1986 年《矿产资源法》规定，“鼓励乡镇集体矿山企业开采国家指定范围内的矿产资源，允许个人采挖零星分散资源和只能用作普通建筑材料的砂、石、粘土以及为生活自用采挖少量矿产”，其实际的管理者基本是地方各级政府，合法的出让方式一般为直接出让采矿权和探转采，也存在大量无证开采，以及“以采代探”行为。

这个时期，非国有矿山迅猛发展，矿产资源开采由以国有为主，逐步变化为国有、民营各占半壁江山。非国有矿山的发展，与当时的经济体制改革、国家发展战略相关，促使矿产资源管理思路改变，以经济建设为中心，经济快速发展对矿产品的需求加大，单纯依靠国有矿山企业难以满足供应，所以从管理上逐步形成了“有水快流”的理念，地方政府支持鼓励非国有矿山开采。而人力、资源、环境成本偏低，给非国有矿山快速发展创造了客观条件。但是，大量非国有矿山的设立，也造成了采矿权设置“多小散”、破坏环境、浪费资源、安全生产等多重问题。2001 年南丹矿难事故后，国家开展数轮矿产资源开发秩序整顿、规范、整合工作，用了十几年的时间，才逐步实现了矿业秩序的规范和集中度的提高。

非国有矿山企业爆发式的增长，暴露了诸多问题。例如，大量的砂石土矿等勘查风险小、开采难度低的采矿权由非国有矿山企业持有，这类矿产在以申请在先方式取得探矿权后，不用做太多的勘查工作即可转采，或直接取得采矿权，获取的实际收益远高于其他矿产，造成了获取不同勘查风险矿种之间的不公平情况。出于解决平衡不同勘查风险矿种采矿权获取方式，避免国有资产的流失等现实问题的考虑，亟需推进采矿权出让方式的变革。

二、以平衡收益为主要考虑引入招拍挂

这个阶段从1996年《矿产资源法》修正开始，到《自然资源部关于推进矿产资源管理改革若干事项的意见（试行）》（自然资规〔2019〕7号）结束。这个时期内，矿业权出让方式从以申请在先、行政配给为主，逐步变化为以招拍挂为主。

先来看一个细微的变化，在1994年《矿产资源法实施细则》中，将探矿权定义为“在依法取得的勘查许可证规定的范围内，勘查矿产资源的权利”，将采矿权定义为“在依法取得的采矿许可证规定的范围内，开采矿产资源和获得所开采的矿产品的权利”。但是，在1996年《矿产资源法》，以及《矿产资源勘查区块登记管理办法》及《矿产资源开采登记管理办法》中，虽然明确了勘查、开采矿产资源，需要取得勘查、采矿许可证，以及取得勘查、采矿许可证后的权利义务，但却没有对探矿权及采矿权进行定义。

这是什么原因呢？笔者认为，在1994年《矿产资源法实施细

则》中，将探矿权、采矿权定义为勘查、开采矿产资源，以及获得矿产品的权利，对探矿权采矿权权利属性表述不够完整，缺少了对探矿权采矿权占有矿产资源的物权属性的体现。但是，探矿权采矿权究竟是什么争议较大，所以不再定义什么是探矿权采矿权，而是从已经达成共识的认识以及实际操作角度考虑，仅规定了获得探矿权采矿权所享有的权利。

2000 年，国土资源部出台《矿业权出让转让管理暂行规定》（国土资发〔2000〕309 号），规定“探矿权、采矿权为财产权，适用于不动产法律的调整原则。”2007 年《物权法》出台，将探矿权采矿权归类为用益物权。当然，这两个探矿权采矿权属性的定义有所不同，但都是作为物权来定义的。

2001 年 12 月中国加入世界贸易组织后，中国经济连续多年保持高速增长，对矿产资源需求增加，矿产品价格持续攀升，投资矿产资源勘查开采收益大幅上涨，矿业迎来了前所未有的大发展，也获得了全社会的普遍关注，2002—2011 年被称为矿业的“黄金十年”。这十年，矿产资源管理政策大幅调整，起因是管理部门如果沿用之前的矿业权出让方式，部分矿业权人将取得不合理“暴利”，而申请在先方式也赋予了管理部门较大的自由裁量权。下面，我们看管理部门是如何解决这些棘手的问题。

首先，管理部门丰富了竞争性出让方式。1998 年《矿产资源勘查区块登记管理办法》及《矿产资源开采登记管理办法》规定探矿权采矿权可以通过招标投标的方式有偿取得。后续，又逐步引入了拍卖和挂牌的出让方式，也就形成了目前的招拍挂竞争出让矿业权的三种方式。相较招标方式来说，拍卖和挂牌的方式具有可操作性更强、行政成本更低、自由裁量权更小，为各级矿业权出让管理部门广泛使用。

其次，建立了矿业权分类出让制度。2006 年，国土资源部出台《关于进一步规范矿业权出让管理的通知》（国土资发〔2006〕12 号），建立了矿业权出让的管理体系，将出让方式划分了申请在先、招拍挂、协议出让三类，规定了出让方式对应的适用情形。将矿产勘查分为高风险、低风险、无风险三类，对于高风险勘查，依然可以申请在先方式出让探矿权；对于低风险勘查，以招拍挂方式出让探矿权；对于无风险勘查，以招拍挂方式直接出让采矿权。

第三，规范了矿业权交易规则。从出让平台建设及选择、公告内容、组织交易流程、成交确认书及出让合同签订、违约处理等方面，系统全面规范了各个环节的管理行为。同时，建立了矿业权有形市场、探索了网上交易，为之后公共资源交易平台的建立打下了基础。

现在回头看这套制度，依然不失为一套理念先进、逻辑完整的制度体系。但是，这套制度在具体实施过程中，出现了管理相对人不停找漏洞，管理部门不停堵漏洞的情况，矿业权管理政策在这种博弈下，不断趋于严格。

先来看管理相对人方面如何找寻政策漏洞，这里以矿种变更为例。由于出让方式跟申请勘查的矿种直接相关，申请在先与招拍挂相比较，取得矿业权的成本低很多，所以就出现申请人以申请高风险矿种探矿权的名义，采用申请在先方式取得探矿权，进而进行矿种变更为低风险矿种，以规避政策管理获得超额收益。这种操作在一些地方频繁出现，甚至被一些矿业权人作为“经验”广泛传播。管理机关针对这种行为，一开始增加了专家评审机制，但仍难以遏制这种恶意行为，所以在一段时间内，不得已采取一刀切的管理方式，禁止了大部分矿种之间的变更申请。当时，不少专家提出不允许勘查矿种变更违背地质勘查规律，但实属无奈之举。目前，勘查矿种的变更已经全面放开，但其前提条件是出让方式统一为竞争性出让，且矿业权出让收益主要采用“价”+“率”的方式征收，“率”后置到采矿环节。而这些配套政策在当时是不存在的。

再者，矿业权出让行为关乎矿产资源的配置，涉及巨大利益，一些矿山企业和个人暴富的事例，以及破坏环境的报道在社会上广为流传，在一定程度上影响了矿业的整体形象。在此背景下，国家愈加重视对矿业权出让行为的监管，从开始于2009年的工程建设领域突出问题专项治理，到2013年矿产资源管理专项审计，2017年自然保护地内矿业权退出，再到2020年内蒙古涉煤腐败“倒查二十年”，被查处的官员人数众多。为避免腐败行为发生，尽量减少个人意志在配置资源的影响，矿业权出让部门出台多个文件，不断限制自由裁量权，对协议出让矿业权情形予以压缩，尽量不用申请在先方式、少用招标方式，拍卖、挂牌方式成为矿业权出让方式的主流。

2019年出台的自然资规〔2019〕7号文，明确了矿业权全面实行市场竞争性方式出让，严格控制协议出让，不再允许申请在先方式申请探矿权。可以看出，逐步取消申请在先，全面实行招拍挂是在多重因素的影响下，在各方压力推动下的历史选择，不能仅从逻辑上判断是否符合地质勘查规律和经济规律，还需要在整个历史进程中看待和思考这个问题。

三、改变出让发起方的全面招拍挂

这个阶段以2020年5月自然资规〔2019〕7号文实施开始，到2024年新《矿产资源法》出台。这个时期，矿产资源管理改革进行试点探索，确立了管理的目标和方向，其中出现了三个关键词：出让收益、全面招拍挂、净矿出让。矿业权出让收益与出让方式是一件事情的两个方面，相互影响、互相关联，分开论述是没有意义的。而“净矿”出让，是对矿业权出让及登记流程的一次变革，部分思路也体现在新《矿产资源法》中。下面，就主要从这三个关键词展开讨论。

先来理一下几个重要文件的出处和关系。作为落实《生态文明体制改革方案》的重要举措，2017年，国家出台《矿业权出让制度改革方案》及《矿产资源权益金制度改革方案》。为配套落实矿产资源权益金制度改革方案，2017年财政部、国土资源部出台《关于矿业权出让收益征收管理暂行办法的通知》（财综〔2017〕35号）；为落实矿业权出让制度改革，2019年自然资源部出台自然资规〔2019〕7号文。

财综〔2017〕35号文出台后，将以往的矿业权价款变为矿业权出让收益，改变了矿业权有偿取得缴纳收益的情形和方式，引起了社会各界的普遍关注。2023 年出台《矿业权出让收益征收办法》（财综〔2023〕10 号），对矿业权出让收益征收做出较大调整。自然资规〔2019〕7 号文出台后，各地围绕其改革思路，配套了一系列地方政策，经充分实践后，2023 年出台《关于深化矿产资源管理改革若干事项的意见》（自然资规〔2023〕6 号），基本继承了自然资规〔2019〕7 号文的改革思路。

理清几个文件的关系后，让我们分析一下矿业权出让方式和出让收益的变化。从矿业权出让方式来看，取消了申请在先的矿业权出让方式，协议出让情形进一步压缩，全面招拍挂的时代到来。全面招拍挂与申请在先和协议出让方式显著的区别在于，矿业权出让的发起点发生了根本变化，申请在先出让的发起点在社会主体，即由市场判断哪些区域及矿种具备勘查前景，再由市场主体向出让管理部门提出申请；而招拍挂的发起点在出让部门，即由矿业权出让管理部门判断出让哪些区域及矿种，再采取招拍挂方式出让矿业权，由市场决定受让对象。

出让发起点的变化，带来的直接问题是出让区块的来源如何保障，之前的三种出让方式中，取消了申请审批方式，严格了协议出让方式，保留下来的招拍挂出让方式，主要依靠出让管理部门来开展，造成探矿权出让数量的降低，特别是高风险勘查矿种探矿权出让数量下降幅度更大。

从需求和供给两个角度来看，出让管理部门在积极应对因为出让方式变化造成的影响。在需求角度，管理部门出让的矿业权需要反映社会的需求，所以广泛拓展可出让区块来源，通过地勘单位、矿山企业、事业单位、科研院所等各个渠道，获得可出让矿业权的信息和建议。但其中的问题是，社会主体提供了区块建议，并不保障其能获得探矿权，积极性调动是个难题。

在供给方面，需要提供更优质的服务，保障区块出让后勘查开采工作顺利开展，也就是要在前期出让行政成本增加的背景下，使出让的矿业权尽快开展勘查工作，尽快转采，提供保障经济社会需要的矿产品。

针对需求和供给两个方面，自然资规〔2019〕7号文提出了“净矿”出让的概念，拓展区块来源，建立了出让项目库；优化营商环境，由政府出面提前“清理”出让区块进场障碍，探索出让后直接登记矿业权，将方案审查等审批环节后置，取得矿业权后可以顺利进场开展勘查开采工作。

全面招拍挂和“净矿”出让，对于矿业权登记造成了根本性的变化，由于矿业权出让的发起点统一到了出让部门，将原先由申请人作为申请登记要件提供的省厅核查意见前置到出让之前，出让部门出面协助签订重叠协议，甚至代为编制开发利用方案等，等于政府替竞得人准备了部分申请登记要件，这样矿业权人竞得矿业权后，就可以直接为其办理矿业权登记，并颁发勘查、采矿许可证；在颁发许可证后，部分地方探索了勘查实施方案、开发利用方案后置审查备案的方式，即将部分审批后置到登记之后。这种方式，也就是被反复提及的“出让+登记”模式。

再来看矿业权出让收益，财综〔2017〕35 号文自出台后争议不断，其原因主要集中在对历史上已设置探矿权转采时需缴纳出让收益，已设采矿权未完成有偿处置需缴纳出让收益以及出让收益缴纳的方式上。结合矿业权出让方式，看财综〔2017〕35 号文出台的初衷，应该想解决历史上形成的两个问题，一是想调整因之前价款定义异化及征收范围扩大化造成的混乱，价款从最开始的仅代表国家出资勘查权益，到后来的代表国家出资勘查权益、竞争获得勘查开采权利以及矿产资源所有权权益，希望以分四个阶段征收权益金，来厘清矿业权税费关系；二是想拉平因为出让方式不同造成的不公平，所以规定了申请取得的探矿权，在转采时按照剩余储量征收出让收益等规定。但在实际操作中阻力很大，社会各界提出该文件加重企业负担、违反法不溯及既往原则等质疑。所以文件出台后不久，管理部门就着手对争议较大的问题进行论证，直接促生了财综〔2023〕10 号文出台。

财综〔2023〕10 号文与财综〔2017〕35 号文相比，最重要改变在于：一是对 35 号文件“价+率”的出让收益征收方式予以细化，使其具备了可操作性；二是彻底抛弃了实行数十年的，价款或出让收益与储量挂钩的评估及征收方式。目前来看，财综〔2023〕10 号文基本解决了财综〔2017〕35 号文的突出问题，平息了争议。

矿业权“净矿”出让建立了“出让+登记”的矿业权管理模式，这种模式缩短了矿业权竞得人从竞得矿业权到获得勘查、采矿许可证的时间，也力争清除矿业权人“进场”勘查开采的障碍。但“净矿”出让并未分离矿业权的物权登记和行政许可，“一证载两权”的矛盾和问题依然存在。例如，在矿业权人有不当勘查、开采行为时，管理部门可以取消矿业权人勘查、开采矿产资源的权利，但所做出的行政行为却是吊销勘查、采矿许可证。考虑一个探矿权采矿权不算勘查、建矿等投入，仅出让收益有的就可达上百亿元，把探矿权采矿权的物权和勘查开采的权利一并吊销，存在着过度处罚的问题，这些矛盾引发了大量的讨论和思考，也促使新《矿产资源法》对矿业权“一证载两权”管理模式进行改革。

第二节　新矿法确定的矿业权出让登记制度

2024 年 11 月，新《矿产资源法》经十四届全国人大常委会第十二次会议审议通过，从 2002 年九届人大常委会提出的修改要求来算，已经过去了二十余年。新《矿产资源法》虽然是修订，但几乎对所有的条款进行了重新起草。在矿业权管理方面，确立了“出让+登记+行政许可”的矿业权管理新模式，变之前的“一证载两权”为“权证分离”，这对矿业权管理带来了根本性改变。

一、出让登记许可制度的主要变化

新《矿产资源法》规定“设立矿业权的，应当向矿业权出让部门申请矿业权登记。符合登记条件的，矿业权出让部门应当将相关事项记载于矿业权登记簿，并向矿业权人发放矿业权证书。”“进行矿产资源勘查、开采作业前，应当按照矿业权出让合同以及相关标准、技术规范等，分别编制勘查方案、开采方案，报原矿业权出让部门批准，取得勘查许可证、采矿许可证”。

以上条款明确了矿业权出让后，竞得人应当向出让部门提出登记申请，取得矿业权证书，并成为矿业权人。但是取得矿业权，并不代表可以实施勘查、开采行为，而是登记了矿业权的物权。在实施勘查、开采前，矿业权人需要编制勘查、开采方案，经出让部门批准后，取得勘查、采矿许可证，从而获得了矿产资源勘查、开采行政许可。所以，权证分离新模式的最大变化来自矿业权物权与勘查开采行政许可的分离。

权证分离模式对比之前“一证载两权”模式，其优势或者进步在哪里呢？“一证载两权”模式中，勘查、采矿许可证同时承载了矿业权的物权与勘查开采作业权，但是把物权登记在“许可证”上显然欠妥，而在对矿业权人违法行为采取吊销勘查、采矿许可证时，会同时引发物权的消灭，存在处罚过当问题。实践中，矿政管理机关以行政权力侵犯矿业权人物权的行为时有发生。而将矿业权的物权与勘查开采许可分离，解决了以上问题。

因为新《矿产资源法》还未正式实施，在此只能从逻辑上进行推演，对于部分矿业权人，如果一直正常勘查、转采、开采，那与之前的模式相比，实际感受变化可能不大，只是竞得矿业权后，先申请取得了矿业权证，然后再编制方案，进而取得许可证。可以说，要交的费用、要准备的材料、要编制的方案，并没有实质的变化。但如果涉及违法行为处理，区别就比较大。

新《矿产资源法》法律责任一章中规定，矿业权人存在未按照勘查方案勘查、未按照开采方案开采、采取不合理的开采顺序或开采方法开采、“三率”未达标等造成矿产资源破坏的，以及超出矿业权范围勘查、开采矿产资源等情形，如情节严重，可由原出让部门吊销其勘查许可证、采矿许可证。这里不讨论处罚情形如何判定，仅从处罚对象和方式来看，均针对的是勘查、采矿许可证，即对矿业权人的勘查开采许可作业行为进行处罚，而没有对代表矿业权物权的矿业权证进行处置，突出了对矿业权人合法权益的保护，厘清了矿业权物权与勘查开采许可的关系，对违法勘查开采的处理也更合理，同时增加了管理方式和手段。

权证分离模式并不是在矿业权管理上的首创，可以类比一下房产等不动产的所有权，与经营活动的许可的分离。在经营活动违法时，可以不准予其继续经营活动，但不会直接剥夺其房产等不动产的所有权，在本质上与矿业权权证分离的逻辑是一致的。

二、值得关注的几点问题

（一）矿业权是什么

探矿权、采矿权的概念已经出现了二十余年，但矿业权是什么？尤其是探矿权是什么？认识上并未达成完全的一致。新《矿产资源法》在总则里规定“勘查、开采矿产资源应当依法分别取得探矿权、采矿权”，并单设了矿业权一章，明确了矿业权的出让方式、出让权限、出让流程、享有的权利义务等，但并没有明确定义什么是矿业权。

这可能有点绕，让我们再说得明晰一点，即新《矿产资源法》虽然明确了探矿权人享有勘查并依法取得采矿权的权利，但是，这句话是不是能够倒过来，探矿权是否就是勘查及转采的权利？笔者认为有些别扭，首先，如果登记的探矿权是勘查矿产资源的权利，而之后许可的同样也是勘查矿产资源的权利，从逻辑上欠妥；其次，这样定义的话，探矿权的“物”是什么呢？

《矿业权出让转让管理暂行规定》（国土资发〔2000〕309 号）将矿业权定义为财产权，适用于不动产管理；《民法典》将矿业权归为用益物权；新《矿产资源法》权证分离制度，也是将矿业权作为物权来进行管理。一种观点认为矿产资源属于国家所有，所以出让的矿业权仅能限定在勘查、开采矿产资源，以及取得矿产品的权利，这也正是 1994 年《矿产资源法实施细则》中对于矿业权的定义。

另外一种观点，多数矿业权人普遍将矿业权的“物”直接理解为矿产资源，如果准确一点表述，应该为对矿产资源的占有、使用、收益，以及部分处置的权利。这样理解也并非没有道理，其原因在于很长一段时期内，矿业权评估的基础就是资源储量，所以矿业权有偿处置时，矿业权人都是基于资源储量在缴纳价款或者出让收益，如果采取竞争方式出让，矿业权人同时还需付出竞争成本或者溢价。

我们很难让一般的社会主体理解，一个挂牌上百亿元取得的探矿权，其标的物不包括勘查许可证范围内的矿产资源。

当然，矿产资源所有权属于国家所有没有异议，但矿业权人在使用矿产资源的期间，通过勘查获得的资源储量，以及通过开采获得的矿产品，严格意义上讲，是在加工使用矿产资源后，得到的产品，与矿产资源还是有一定区别的。所以，矿业权人虽然不能取得矿产资源的所有权，但在探矿权阶段可以取得资源储量，采矿权阶段可以取得矿产品，对于使用过程中“消耗”的矿产资源，可以理解为以通过缴纳矿业权出让收益（矿业权价款）、资源税（矿产资源补偿费）等税费的方式，对全民予以了补偿。

综上，探矿权可以表述为勘查矿产资源、取得采矿权的权利，以及勘查发现获得的资源储量的所有权；采矿权可以表述为开采矿产资源的权利，以及采出矿产品的所有权。当然，这个定义也只是一家之言，也希望今后能用法律法规规范矿业权的定义，因为只有明确了什么是矿业权，明确出让矿业权的标的物，才能厘清矿业权税费关系，合理制定出让底价、标准价、出让收益评估缴纳的标准，也能让出让和许可的关系更加清晰。

（二）出让、登记、许可的流程重塑

对于新设立的矿业权，其难点在于矿业权出让合同相关条款的约定，但因为其范围、期限、矿业权人的确定性，整个流程应该是较为顺畅的。但是，对于已设置的矿业权，是需要着重考虑其流程的重塑，虽然上文推演了几类出让、登记、许可的流程，但还是有

一些问题需要着重关注。

例如，矿业权人申请矿业权转让，管理部门在办理转让变更登记时，是否还需进行要件审查，还是凭借双方的转让合同直接变更登记？如果直接予以变更登记，是审查勘查开采方案后再颁发许可证，还是受让人承诺按照原勘查开采方案，就可以直接授予勘查采矿许可证。再例如，矿业权人申请扩大矿区范围变更时，是否可以直接进行变更登记？从逻辑上看是应该先编制开采方案以确定其变更的合理性较为妥当，这种情形下，是否可以先审查开采方案，再登记及许可？或者合并办理登记、审查方案和许可？凡此种种，都需要细致思考，妥当处理。

（三）出让合同内容及与管理政策之间的关系

新《矿产资源法》规定在组织出让并确定竞得人后，需要先签订出让合同，将相关事项记载于矿业权登记簿，并颁发矿业权证书。关于矿业权出让合同有三点值得关注：一是规定出让合同除矿业权基本信息外，还需包括出让收益、勘查、开采、矿区生态修复、安全要求；二是出让合同作为编制勘查、开采、生态修复方案的依据；三是出让合同作为勘查活动开展的依据。

矿业权出让合同并非新鲜事物，但新《矿产资源法》丰富了合同的内容，并且极大地提升了出让合同的法律地位。矿业权出让合同最初设定时，仅是针对招拍挂竞争方式出让的矿业权，确定竞得人及缴款方式，并不作为管理的依据。随着管理改革的深入，出让合同内容逐步增加，成为矿业权的申请要件，重要性也在不断提升。

但是，在合同的性质和效力、合同约定的内容、合同与政策规定的关系等方面，各方看法并不一致。有些专家从实践的角度，将合同和法律法规的关系理解成互补的关系，合同约定的是法律法规未规定的事项，即一矿一策的特殊约定，对于普遍性的规定，还是以法律法规为准。

目前，标准合同模板还在制定过程中，出让合同在后续的管理中如何发挥作用，还需要看配套制度措施如何制定，以及惯性的管理观念和方式如何调整。

（四）矿业权证书、登记簿、许可证的关系

新《矿产资源法》提出“设立矿业权的，应当向矿业权出让部门申请矿业权登记。符合登记条件的，矿业权出让部门应当将相关事项记载于矿业权登记簿，并向矿业权人发放矿业权证书。”这里出现了两个新事物，矿业权证书与矿业权登记簿。以新《矿产资源法》权证分离的模式来看，矿业权证书是登记物权的载体，其目的是物权信息及权属关系。而矿业权登记簿是作为管理机关登记矿业权信息的手段。在初次登记时，两者应该是一致的，主要登记矿业权人、勘查开采区域、矿种、有效期限、面积及拐点坐标等基本信息。在延续和变更时，矿业权证书应重新颁发，而矿业权登记簿将其延续、变更、抵押等信息做连续登载。管理部门通过矿业权登记簿，即可了解矿业权从新立到注销的全部信息。而勘查、采矿许可证是对矿业权人勘查、采矿行为的许可，在取得勘查、采矿许可证之前，矿业权人不得勘查、开采矿产资源，但是不影响其对矿业权的物权。

这里面存在几个重要的衔接问题，一是矿业权证书登记的范围与勘查、采矿许可证许可勘查、采矿的范围是否一致？这就涉及上文所讨论的矿业权是什么的问题，矿业权应该是仅登记资源储量估算范围，还是包括井巷工程及露天剥离范围？勘查、采矿许可证登记的范围应该是矿业权人可以开展勘查、采矿活动的范围，那么证书的范围和许可证的范围就可能产生不一致的情况。从实际管理的角度来看，将证书和许可证范围设定为两个不同的范围，会造成不少困扰；如果设定为相同的范围，就存在登记范围确定在前，采矿许可范围只能按照登记范围确定的情况，可能会产生范围确定不合理情况，其原因是目前采矿范围是通过开发利用方案确定的，而新《矿产资源法》规定的开采方案是在矿业权登记之后审查的。两个范围如何衔接对管理提出了新课题。

二是矿业权证书登记的有效期与勘查、采矿许可证许可勘查、采矿的有效期是否一致？新《矿产资源法》明确了探矿权首设为5年，可延续3次，每次5年；采矿权最长不超过30年，到期后可延续。但却没有规定勘查、采矿许可证的年限。许可证的有效期是不应该超过矿业权证书的，不然从逻辑上难以说通。从登记后再进行许可的流程看，因为取得矿业权证书后，矿业权人才报批勘查、开采方案，进而取得许可证，那势必会造成许可证有效期小于矿业权证书的情况，或者许可证有效期不连续的情况。权证的有效期不一致，对监督管理是个难题，如果监管不到位，可能会出现部分矿业权人“无证”勘查、开采的行为。

（五）矿业权消灭、收回矿业权与吊销许可证的关系

这是在新《矿产资源法》中容易被混淆的三种针对矿业权或许可证的处理方式。其中，收回矿业权是管理机关剥夺矿业权人对矿业权的所有权，其情形主要有出于公共利益的需要，以及矿业权人故意报送虚假的矿产资源储量报告且情形严重两种。出于公共利益的需要收回矿业权比较好理解，在之前的矿业权退出自然保护地过程中，因为法律上没有收回矿业权的条款，各地普遍采取了到期不予延续或者吊销许可证的方式，但实际的补偿并未让所有的矿业权人满意，此次增加了公共利益需要收回矿业权的补偿条款，实质上是保障了矿业权人的合法权益。对于储量报告作假收回矿业权，其目的应该是要规范矿业权秩序，维护矿业健康发展，但作假情节严重是指储量作假严重还是指造成实际损失巨大，如果补偿了损失是否还需要收回矿业权，其中的度是较难把握的，还是需要具体规定或者司法解释。

矿业权消灭的情形是“期限届满未申请续期或者依法不予续期”，其目的是避免部分矿业权人不再开展勘查、开采活动，但未主动办理注销手续，造成了矿业权闲置的情况。新《矿产资源法》出台前，矿业权过期一般采取公告注销方式，实质上也造成了矿业权的消灭。借鉴目前的成熟做法，从保障矿业权人合法权益的角度出发，管理机关还是应该提前进行必要的提醒告知后，再对未申请续期的行为进行处罚。

关于新《矿产资源法》规定的吊销勘查、采矿许可证，其性质

与之前的吊销许可证有了本质的不同，之前因为“一证载两权”，吊销许可证实质上是同时剥夺了矿业权的所有权与使用权，造成了物权的消灭。现在的吊销许可证只是剥夺了矿业权人的勘查开采作业权利，依然保留了矿业权人对矿业权的物权，原则上矿业权人是可以重新申请许可，再次获得勘查、采矿许可证的。这样的设计是有利于保护矿业权人的合法权益的，也避免了之前一些处罚过度情况的发生。

第四章

权证分离

新《矿产资源法》建立了矿业权出让、登记和勘查开采许可制度，实行矿业权物权登记与矿产资源勘查开采行为许可相分离。这是重大的制度变革，是一项全新的制度，在管理中尚未实践操作过。为更好领会和落实新制度，本研究通过收集整理各类文献资料，广泛听取各方意见建议，绘制流程图进行模拟推演，对各方面反映的疑难问题进行重点分析研究，提出解决问题的意见建议。

第一节　新制度带来矿业权管理方式变革

矿业权出让、登记和勘查开采许可制度，是指管理机关通过招标、拍卖、挂牌等方式出让矿业权，确定受让人，签订矿业权出让合同，办理矿业权登记，发放矿业权证书，审批勘查方案、开采方案，颁发勘查许可证、采矿许可证。这项制度与之前制度相比，有

（本章执笔人：许书平、王建忠、司芗）

本质上的变化。

一是矿业权取得方式发生了根本性变革，由之前通过申请审批方式取得矿业权，转变为通过招标、拍卖、挂牌等方式取得矿业权。二是矿业权登记发证发生了根本性变化，由之前只发一个许可证实行“一证载两权”，转变为发两个证，即一个矿业权证和一个许可证，将物权登记和勘查开采许可相分离。三是矿业权审查流程发生了重大变化，由之前所有事项合并成一个登记事项办理，转变为分成矿业权出让、矿业权登记、勘查开采许可三个事项分别办理。四是区块来源发生了重大变化，由之前由受让人自行获得区块，转变为由管理机关提供区块。五是设立矿业权的主动方不同，由之前的受让方是设立矿业权主动方，并由其决定是否提出矿业权申请，转变为管理机关是设立矿业权主动方，由其决定是否出让矿业权。

第二节　新制度运行推演遇到的疑难点

在深入研究的基础上，按照新《矿产资源法》建立的制度绘制流程图，模拟矿业权出让、登记和勘查开采许可运行，通过研究发现以下几个方面的疑难点。

一是探矿权转采矿权，在采矿权登记环节如何确定采矿权范围。新制度将登记和许可相分离，有利于保护矿业权人的合法权益，但也面临着在登记环节如果需要作出技术判断时，如何作决定的问题。

比如，矿业权人在探矿权阶段探明可供开采矿产资源后，即可申请采矿权登记，但此时的采矿权登记环节尚未编报开采方案，管理机关如何确定申请的采矿权范围是否科学合理，如何确定应当登记多大的范围，是一个亟待解决的难点。

二是采矿权证登记范围与采矿许可证证载范围是否一致。由上一个疑难点引申出另一个疑难点，即采矿权证登记范围的实质是什么，具体需要包括经国家备案的探明可供开采矿产资源的范围，乃至在此范围之外的开采作业的范围，或者是其他的范围。简而言之就是采矿权登记范围是否应和采矿许可证证载范围一致。对此有多种观点，有认为应当绝对保持一致的、许可证范围小于或大于采矿权登记范围的，也有认为应当根据具体情况来确定。如果采矿权证范围和采矿许可证范围不一致，在管理中如何做好衔接是个难题，比如，采矿权证的范围小于采矿许可证的范围，采矿许可证范围超出采矿权证范围内有其他可供开采的资源怎么处理；项目核准、水土保持报告、环评报告、安全生产许可证等是以采矿权证为依据，还是以采矿许可证为依据，如果以采矿许可证为依据，将改变已有审批模式，由之前的并联审批改变为串联审批。

三是探矿权续期，探矿权登记环节如何确定核减、核减多少面积。新《矿产资源法》规定，探矿权续期时应当按照规定核减勘查区域面积。按照新的规定，探矿权申请续期，在探矿权登记时需要核减勘查面积。探矿权登记要核减勘查面积，在此环节是否需要审查探矿权人履行法定义务情况、履行探矿权出让合同情况、完成勘查工作情况等，如果不审查，难以确定是否需要核减、核减多少勘查面积；如果审查，与探矿权物权登记制度设计精神是否相符。

四是勘查开采主矿种发生变化，是否需要办理探矿权、采矿权变更。勘查、开采过程中，发现主矿种发生了变化，需要调整勘查方案、开采方案，并报管理机关批准，然后办理勘查许可证、采矿许可证变更。对于勘查开采主矿种发生变化，探矿权、采矿权是否需要办理变更登记，如果需要办理变更登记，办理时序在哪个时点，在调整勘查方案、开采方案编报之前，难以确定主矿种是否发生变化，如果在勘查方案、开采方案经批准之后，则与新制度规定不一致。

五是矿业权出让合同与矿业权登记、矿产资源勘查开采许可、监督管理衔接问题。新《矿产资源法》建立了矿业权出让合同管理制度，对矿产资源勘查开采实行全生命周期管理。矿产资源勘查开采时间周期较长，在此期间，矿产资源法律法规、管理政策、产业政策、规划等可能会调整变化，如果与矿业权出让合同约定的事项不一致，管理中如何执行。

六是矿业权出让如何做到与市场需求相匹配。矿业权实行招标、拍卖、挂牌方式出让，矿业权在哪出让、出让什么矿种、出让多少等均由管理机关决定。管理机关出让矿业权要满足市场需求，实现供需相对平衡，是否能做到清楚了解市场实际需求，统筹安排全国和各地区矿业权出让；是否能够提供足够多的可供出让的区块，且区块来源能够长期稳定可持续提供。

第三节　新制度顺利落地实施意见建议

在深入调查研究和绘制流程图模拟推演的基础上，综合各方意见建议，推动新制度落地实施、顺畅运行，提出以下几方面意见建议。

一是抓紧试点，完善优化落地实施的管理制度和措施。矿业权出让、登记和勘查开采许可制度是一项全新的制度，没有管理实践经验基础，管理人员和矿业权人都需要有一个学习理解的过程，在新《矿产资源法》实施前，迫切需要选取一些有代表性的矿业权项目进行试点，在实践操作中解读新制度，答疑解惑，统一思想认识；发现运行中存在的问题，群策群力、汇集各方智慧研究解决问题，在起草配套法规《矿产资源法实施条例》和规范性文件时完善优化管理制度和措施，既要科学合理，又应便于操作实施。

二是做好矿业权出让、登记与勘查开采许可申请要件、审查要点、审查流程之间的衔接。新制度既要有效保护矿业权人合法权益，又要提高登记和发证效率、减轻矿业权人负担，因此，需要系统整体设计矿业权出让、登记和勘查开采许可三个事项需要的申请要件、审查事项，然后再分解到每个事项分别需要的申请要件、审查事项，做到既不重复，也不漏项，比如，矿业权出让时，对区块范围内有关事项已经进行了核实，审查核验了市场主体的资格条件，在矿业权登记时，不对矿业权出让时已审查的事项再次审查，不要求重新提交申请要件。同样的道理，对矿业权登记时已审查的事项，矿产资源勘查开采许可时不再审查。在此基础上，优化审查流程，矿业权出让、登记和勘查开采许可哪些事项需要下级管理机关协助核查，哪些事项需要相关部门会审和集体决策，哪些事项只需主办部门负责审查即可。

三是做好矿业权出让合同与矿业权登记、勘查开采许可、监督管理之间的衔接。需要明确矿业权出让合同定位，合同在管理中发挥辅助作用还是主导作用，合同规定的内容是详细具体的还是原则性的，合同要求的事项是普遍适用的还是一矿一策的，合同约定事项与法律法规和管理政策如何做好衔接和互动；合同约定与实施要对应起来，勘查开采许可、监督管理要落实矿业权出让合同约定事项，管理机关各部门按照工作职责做好审查、监管、执法等工作，不能都推卸给矿业权管理部门负责实施，更不能有搭便车的想法，把本应勘查开采过程中管理的事项放在发证环节管理，增设发证前置条件，增加前置要件。

四是对已设矿业权登记和许可同时申请、同步办理，解决运行中遇到的难点问题。通过模拟推演发现，在矿业权登记环节如果需要作出技术判断，难以作出登记决定。为解决这一难题，在设计矿业权登记制度时，对已设矿业权尽量减少矿业权登记事项的办理，如果确需办理登记的，能与许可事项一并办理的，尽量合并办理，申请人同时提交登记和许可申请材料，简化办理事项，优化办理流程，提高办事效率。

五是完善配套管理制度，支撑新制度顺利落地实施。源源不断的区块来源是矿业权出让、登记和勘查开采许可制度落地实施的基础，需要有专门的制度设计保障有足够的区块能够满足矿业权出让需求。科学的出让规划（计划）是矿业权有序出让、优化布局的基础，需要有专门的制度对近期、中期、远期矿业权出让作出规划（计划），形成全国一盘棋，满足资源开采和产业布局需要、国家和地方需要、当前和长远需要。合理的出让规则是资源优化配置的基础，地质找矿不确定性大，矿产资源开发利用产业链长，矿产资源勘查开采属于技术密集性和资金密集型行业，矿业权出让要充分发挥市场在资源配置中的决定性作用和更好发挥政府作用，完善矿业权出让方式和竞价规则，由市场发现价值的同时，防范非理性炒作。

六是提升宏观调控能力，实现矿业权有序出让，保障国家矿产资源安全。新制度对矿业权管理提出了新的更高要求，管理人员需要转变观念，克服旧有的路径依赖，充分发挥内在能动性，变被动设立矿业权转为主动出让矿业权，提升宏观调控能力，满足市场对矿产资源的需求。首先，要拓展区块来源，有覆盖各矿种、各地区的足够多的区块，且有源源不断的区块来源作为补充，满足矿业权出让需要，支撑经济社会发展对矿产资源的需求；其次，加强对市场需求分析研判，矿业权出让与市场需求相匹配，满足市场需求，实现有序出让，保障矿产资源供需相对平衡；最后，落实国家发展战略，制定矿业权出让中长期规划（计划），引导市场投资方向，促进矿产资源开发利用与产业布局联动，推动矿山优化布局。

第二篇
勘查开采管理新机制

第八条 国家完善政策措施，加大对战略性矿产资源勘查、开采、贸易、储备等的支持力度，推动战略性矿产资源增加储量和提高产能，推进战略性矿产资源产业优化升级，提升矿产资源安全保障水平。

第十八条 法律、行政法规规定在一定区域范围内禁止或者限制开采矿产资源的，应当遵守相关规定。

第二十四条 探矿权的期限为5年。探矿权期限届满，可以续期，续期最多不超过3次，每次期限为5年；续期时应当按照规定核减勘查区域面积。法律、行政法规另有规定的除外。

探矿权人应当按照探矿权出让合同的约定及时开展勘查工作，并每年向原矿业权出让部门报告有关情况；无正当理由未开展或者未实质性开展勘查工作的，探矿权期限届满时不予续期。

第二十六条 自然保护地范围内，可以依法进行符合管控要求的勘查、开采活动，已设立的矿业权不符合管控要求的，应当依法有序退出。

第三十三条 矿业权人依照本法有关规定取得矿业权后，进行矿产资源勘查、开采作业前，应当按照矿业权出让合同以及相关标准、技术规范等，分别编制勘查方案、开采方案，报原矿业权出让部门批准，取得勘查许可证、采矿许可证；未取得许可证的，不得进行勘查、开采作业。

矿业权人应当按照经批准的勘查方案、开采方案进行勘查、开采作业；勘查方案、开采方案需要作重大调整的，应当按照规定报原矿业权出让部门批准。

第三十六条 石油、天然气等矿产资源勘查过程中发现可供开采的石油、天然气资源的，探矿权人依法履行相关程序后，可以进行开采，但应当在国务院自然资源主管部门规定的期限内依法取得采矿权、采矿许可证。

——《矿产资源法》（2024年修订）

第五章

勘查激励

新《矿产资源法》将保障矿产资源安全作为重中之重，从法律上构建了加快矿产资源勘查进程的制度，一是国家加强基础性地质调查工作，为矿产资源勘查提供基础地质资料；二是国家加大对战略性矿产资源勘查的支持力度，推动战略性矿产资源增加储量；三是完善矿业权出让收益征收制度，调动矿产资源勘查积极性；四是实行探矿采矿“直通车”制度，鼓励矿产资源勘查；五是建立探矿权勘查周期制度和勘查面积核减制度，促进加大矿产资源勘查投入；六是建立探矿权出让合同管理、勘查工作报告等制度，防止“圈而不探”。

为落实好新《矿产资源法》建立的加快矿产资源勘查进程的制度，促进尽快实现找矿突破、增加资源储量，本章全面梳理了现有管理制度、管理要求、改革探索，探究探矿权勘查进展缓慢的原因，研究提出构建加快勘查进程新机制政策建议。

（本章执笔人：许书平、司芗、韩亚琴、刘卓亚、王陆新、李品德）

第一节　促进加快勘查进程制度规定

为防止“圈而不探”，促进探矿权人加大勘查投入，加快勘查进度，现行矿产资源法律法规建立了多项管理制度，加强矿产资源勘查管理。

一是建立勘查作业区范围最大面积制度。对不同矿种勘查项目允许登记的最大范围做出了规定，比如，金属矿产、非金属矿产为40个基本单位区块，煤为200个基本单位区块，石油、天然气为2500个基本单位区块，目的是防止勘查项目登记面积过大，登记后实际工作投入不足，勘查时间过长，出现“跑马圈地”“圈而不探”等情况。

二是建立勘查许可证有效期限制度。《矿产资源勘查区块登记管理办法》（国务院令240号）规定，勘查许可证的有效期为3年，石油、天然气勘查许可证有效期最长不超过7年，目的是促使探矿权人尽早完成勘查工作。勘查许可证有效期届满，可以申请探矿权延续，若不申请办理延续登记手续，勘查许可证则自行废止。

三是建立探矿权使用费制度。探矿权使用费标准：第一个勘查年度至第三个勘查年度，每平方千米每年缴纳100元；从第四个勘查年度起，每平方千米每年增加100元，但是最高不得超过每平方千米每年500元。收取探矿权使用费目的是增加探矿权人持有成本，促使其加大勘查投入，加快勘查进程，缩短勘查周期。

四是建立最低勘查投入制度。探矿权最低勘查投入：第一个勘查年度，每平方千米2000元；第二个勘查年度，每平方千米5000元；从第三个勘查年度起，每个勘查年度每平方千米10000元。规定最低勘查投入的主要目的是为了促使探矿权人及时、尽早开展勘查工作。最低勘查投入逐年增加的机制，使探矿权人根据勘查工作的进展放弃不必要的勘查面积，避免占用太大的地盘。

五是建立开工报告制度。探矿权人自领取勘查许可证之日起6个月内开始施工，并向登记管理机关和县级地质矿产主管部门报告开工情况。县级地质矿产主管部门对探矿权人开展矿产资源勘查情况进行监督，督促探矿权人履行法定义务，完成规定的勘查投入，防止“圈而不探”。

六是建立探矿权注销制度。探矿权注销情形有：因探矿权有效期届满，不办理延续登记或者不申请保留探矿权的；申请采矿权的；因故需要撤销勘查项目的。探矿权及时注销，可以在此区域再次设置探矿权，吸引其他有意愿的投资者进一步勘查，有利于对地质工作再认识、再实践，实现找矿新的突破。

七是建立吊销勘查许可证制度。对于存在违法行为的，且逾期不改正的，原发证机关吊销勘查许可证。探矿权人被吊销勘查许可证的，自勘查许可证被吊销之日起6个月内，不得再申请探矿权。吊销勘查许可证对探矿权人来说，是最为严厉的一种行政处罚，促使探矿权人依法依规开展勘查工作，履行法定义务，完成最低勘查投入，按期施工，加快完成勘查工作。

第二节　促进加快勘查改革决策部署

党中央、国务院高度重视矿产资源勘查工作，部署采取经济手段和行政措施，促进探矿权人加大勘查投入，加快勘查进度，防止“圈而不探”，促进找矿突破，提高国内矿产资源保障能力。

一是对加强地质工作作出决策部署。2006年，国务院印发《关于加强地质工作的决定》（国发〔2006〕4号），完善地质工作体制机制，加大财政资金投入力度，提高基础地质调查程度，引导社会资金加大勘查投入，促进加快勘查进程。

二是利用经济手段遏制“圈而不探”。2016年，国务院印发《关于全民所有自然资源资产有偿使用制度改革的指导意见》（国发〔2016〕82号），要求完善矿业权有偿占用制度，合理确定探矿权占用费收取标准，建立累进动态调整机制，利用经济手段有效遏制“圈而不探”等行为。2017年，国务院印发《关于矿产资源权益金制度改革方案的通知》（国发〔2017〕29号），规定将现行主要依据占地面积、单位面积按年定额征收的探矿权采矿权使用费，整合为根据矿产品价格变动情况和经济发展需要实行动态调整的矿业权占用费，有效防范矿业权市场中的“跑马圈地”“圈而不探”行为，提高矿产资源利用效率。

三是采取严格区块退出等行政措施促进加快勘查进度。2017年，中共中央、国务院印发《关于深化石油天然气体制改革的若干意见》，要求实行勘查区块竞争出让制度和更加严格的区块退出机制。2018年，国务院印发《关于促进天然气协调稳定发展的若干意见》（国发〔2018〕31号），要求严格执行油气勘查区块退出机制。2019年，中办、国办印发《关于统筹推进自然资源资产产权制度改革的指导意见》，要求有序放开油气勘查开采市场，完善竞争性出让方式和程序，制定实施更为严格的区块退出管理办法和更为便捷合理的区块流转管理办法。

四是实施找矿突破战略行动。建立地质找矿新机制，促进地质调查与矿产勘查之间的衔接，调动社会资金勘查积极性，加大勘查投入、加快勘查进程，尽快实现找矿重大突破。

第三节　促进加快勘查进程改革探索

为适应新的形势变化，保障国内矿产资源安全，自然资源主管部门进行了一系列改革探索，与时俱进健全完善管理措施，促进加快勘查进展，实现找矿突破。

一是探索采取缩减勘查面积措施促进加快勘查。矿产资源法律法规对勘查许可证有效期、探矿权延续作出了规定，但对探矿权可以延续多少次，探矿权可以持有多长时间没有规定。为解决一些探矿权持有时间长、勘查工作进展缓慢等问题，2009年，国土资源部印发《关于进一步规范探矿权管理有关问题的通知》（国土资发

〔2009〕200号），要求探矿权延续时提高勘查阶段，未提高勘查阶段的要缩减首设证载面积的25%。油气探矿权按照未完成法定/承诺的勘查投入比例核减相应面积。之后，先后出台的多个文件对缩减勘查面积管理政策进行了优化完善。2023年，自然资源部印发了《关于深化矿产资源管理改革若干事项的意见》（自然资规〔2023〕6号），探矿权延续时扣减证载明面积的20%，同时规定了非油气已提交资源量的范围/油气已提交探明地质储量的范围，以及已设采矿权矿区范围垂直投影的上部或深部勘查可以不列入扣减基数。

二是探索提高最低勘查投入标准。随着经济和社会发展，1998年国务院240号令制定的法定勘查投入标准已不能适应管理需求，为促进探矿权人加大勘查投入和加快勘查进度，在以竞争方式出让探矿权时，探索以承诺勘查投入的高低确定中标人/竞得人，或在出让公告中直接约定探矿权人最低勘查投入，比如，2017年国土资源部发布贵州省正安页岩气勘查区块探矿权拍卖公告，买受人在3年内完成勘查实施方案设计的工作量，延续期间最低勘查投入每年每平方千米不低于5万元。

三是探索建立公益性地质工作、地质勘查基金与商业性矿产勘查有机衔接机制，加快实现找矿突破。2010年，国土资源部印发《关于构建地质找矿新机制的若干意见》，公益性地质工作主要用于开展基础地质调查、矿产资源潜力评价和重点成矿区带矿产远景调查，为商业性矿产勘查降低风险；地质勘查基金主要用于找矿潜力大且社会资金投入意愿不强的矿产勘查，降低商业性勘查风险；鼓励、支持和引导社会资本加大地质找矿投入，加快实现找矿突破。

四是探索实施整装勘查加快推进勘查工作。2011 年，国土资源部印发《关于进一步完善矿业权管理促进整装勘查的通知》（国土资发〔2011〕55 号），在全国重点成矿区带，以国家紧缺矿产为主攻矿种，优选成矿条件好、找矿风险大而又具有找矿突破潜力的地区设立整装勘查区，集中实施整装勘查。整装勘查区内的探矿权人应按照统一的整装勘查工作部署，保障勘查资金投入和勘查进度，未达到整装勘查要求，探矿权到期不再申请延续。

五是探索以优先取得探矿权为激励鼓励加快找矿突破。2012 年，国土资源部印发《关于加快推进整装勘查实现找矿重大突破的通知》（国土资发〔2012〕140 号），整装勘查区内主攻矿种拟新设探矿权，主要采用招标等竞争方式向社会公开出让。招标出让探矿权遵循"三优先"原则，即投入大、勇于进行深部钻探验证的优先；国有地质勘查单位和社会资本联合成立企业，实行资本和找矿技术相结合的优先；勘查单位和矿山企业联合成立企业，实行探采一体化的优先。同时，为调动参与整装勘查的勘查单位和矿业企业的找矿积极性，对在整装勘查区内探明大型规模以上主攻矿种矿产地并已转入开发的矿业权人，综合考虑其技术能力、勘查力量和投资能力，可为其配置高风险勘查空白区的探矿权。

六是探索实行"净矿"出让。2019 年，自然资源部印发《关于推进矿产资源管理改革若干事项的意见（试行）》（自然资规〔2019〕7 号），要求在出让探矿权之前，会同相关部门，依法依规避让生态保护红线等禁止限制勘查开采区，合理确定出让范围，并做好与用地用海用林用草等审批事项的衔接，以便矿业权出让后，矿业权人能正常开展勘查开采工作。

第四节　制约探矿权勘查的原因分析

国家建立健全管理制度，有力促进探矿权人加大勘查投入、加快勘查进展，取得了积极成效，但仍然有部分探矿权勘查进展较为缓慢，通过深入调查研究，探究问题根源，主要原因如下。

一、探矿权人勘查投入资金不足

一是有的探矿权人担心找矿风险，不敢投入。之前没有从事过矿产资源勘查开采的企业，取得探矿权后，通过开展勘查工作发现地质找矿风险比想象的要大，犹豫观望；国有地勘单位、国有企业在现有资金使用管理制度下，投入资金进行勘查没有探明矿产资源，承担国有资金损失风险责任。二是有的探矿权人资金来源出现问题，没有资金投入。企业因自身经营、经济形势等原因，出现现金流不足、资金周转困难等问题，不能加大勘查投入；国有地勘单位受限于财政预算等原因，投入勘查资金不足。三是有的探矿权人持有探矿权观望，不愿意再投入。探矿权人经过开展勘查工作后，认为找矿前景不理想，但又不愿意注销探矿权，想通过探矿权转让获得一定资金补偿；国有企业因国有资产管理制度原因，把探矿权作为资产来管理，不敢轻易注销探矿权。

二、探矿权人开展勘查施工难度较大

一是有的探矿权开展矿产勘查工作涉及用地用林用草，进场施工难度大，办理手续时间较长，影响勘查工作开展。二是有的探矿权在生态环境敏感地区、民族地区、边疆地区等，进场施工受限制较多，能够进行勘查的时间有限。三是有的探矿权因当地群众不配合、不支持，进场施工难度较大，影响勘查工作开展。

三、有的探矿权因管理政策原因主动延缓勘查进展

一是钨、稀土等矿产，因实行总量开采控制制度，不能获得开采指标的，探矿权人不着急转为采矿权，主动减少勘查投入，放缓勘查进度。二是由于经济形势、矿业形势等原因，探矿权人不急于转为采矿权，而减少勘查投入，放缓勘查进度。三是有的探矿权因地勘基金与社会资金合作勘查，由于政策原因难以处置，影响进一步开展勘查工作。四是有的国有地勘单位持有的探矿权，因管理体制原因，自身缺乏资金投入，想通过探矿权转让、合作等方式引进社会资金勘查，又受诸多限制，影响进一步开展勘查工作。五是有的探矿权发现了探矿权证载矿种外的其他矿产，因之前政策不能变更矿种，探矿权人观望等待新的政策调整。

四、找矿难度加大

一是易找的地表矿、浅部矿等经过多轮找矿，已基本探明，找矿的深度越来越深，找矿难度越来越大，需要的时间也越来越长。二是随着找矿理论、技术、方法、装备等进步，探矿权人主动向深部区域进行找矿，探矿权需要更长的时间开展勘查工作。

第五节　加快勘查激励机制意见建议

通过深入研究发现，部分探矿权勘查工作进展较为缓慢，既有探矿权人勘查投入不足的原因，也有勘查外部环境、管理政策、管理机制、成矿条件等多方面原因，不能简单地归咎于“圈而不探”。因此，要促进加快勘查，以新《矿产资源法》颁布实施为契机，在制度设计上，既要促进探矿权人加大勘查投入，又要改善勘查外部环境、健全完善管理政策和管理机制，还要尊重地质工作规律和市场经济规律。

一、综合运用经济、法律、行政等多种管理措施，促进探矿权加大勘查投入、加快勘查进程

一是运用经济调节手段，建立累进的最低勘查投入标准和探矿权占用费制度，同时根据不同矿产资源特点，制定差别化的标准，

前期探矿权持有成本相对较低，越往后持有成本越高，通过增加探矿权持有成本，促使探矿权人加大勘查投入、加快勘查进度，尽快完成勘查工作。

二是优化勘查面积核减机制，鼓励探矿权加大勘查投入，对单位面积勘查资金投入低、勘查工作进展缓慢的探矿权，在探矿权续期时，核减的勘查面积比例高一些；对单位面积勘查资金投入高的探矿权，在探矿权续期时，核减的勘查面积比例低一些，甚至可以不核减勘查面积。

三是发挥矿业权出让合同管理的功能作用，实行差别化管理措施，根据国家发展战略部署，对紧缺战略性矿产，在探矿权出让签订合同时，约定一个更高的勘查投入标准、更严格的考核要求，促使探矿权人加大勘查投入，促进加快勘查进程。

四是加大对探矿权勘查的监督检查，督促探矿权人履行法定义务，取得勘查许可证后在规定时间内开工，完成法定最低勘查投入；加强勘查方案管理和监管，对勘查投入不足、勘查进展缓慢的，督促探矿权人加大勘查投入，防止“圈而不探”。

二、营造良好勘查环境，保障勘查工作顺利开展

一是不断健全完善“净矿”出让工作机制，在探矿权出让时，做到规划和权属上的“干净”，与用地用林用草等审批事项做好衔接，确保探矿权人取得探矿权后，能够顺利开展勘查工作。

二是优化矿业权出让、登记和矿产资源勘查许可流程，精简申请要件，提高办事效率，降低办证成本，鼓励开展勘查工作；实现探矿采矿“直通车”，打消探矿权人探明可供开采矿产资源不能转采的顾虑、担心。

三是建立政府主导、部门联动的勘查工作机制，贯彻落实优化营商环境决策部署，维护良好的矿产资源勘查开发秩序，主动帮助探矿权人协调好与当地群众关系，营造良好的矿产勘查环境，探矿权人能够顺利进场开展勘查工作。

三、健全完善管理政策和管理机制，促进加快勘查进程

一是健全基础性地质调查工作与矿产勘查有机衔接机制，基础性地质调查工作为矿产勘查提供基础地质资料，降低勘查风险，推动探矿权人愿意和敢于加大勘查投入。对地勘基金持有的探矿权，进行梳理，推动解决历史问题，理顺权属关系，顺利推进后续勘查工作。

二是健全完善勘查用地管理政策，细化新《矿产资源法》建立的矿业用地制度，用足用好制度红利，形成一套完备的科学合理、可操作可实施的矿业用地管理措施，解决长期困扰探矿权人勘查用地难、用地审批时间长等问题，探矿权人能够更加集中精力开展勘查工作，加大勘查投入。

三是对在生态敏感地区、符合在生态红线地区开展勘查工作的，

建立勘查技术标准规范，提高准入门槛，明确勘查施工要求，实施绿色勘查，能够达到标准规范要求的，允许开展勘查工作；达不到标准规范要求的，不得开展勘查工作。

四是改革对国有企业、地勘单位开展勘查工作考核机制，以新《矿产资源法》为契机，准确理解矿产资源勘查特点和地质工作规律，国有资产管理部门改变已有管理做法，探矿权勘查投入不同于固定资产投入，可参照科研管理，实行核销制度；加快实现找矿突破，把考核指标由探矿权勘查是否探明矿产资源调整为勘查资金投入力度，鼓励国有企业、地勘单位加大勘查投入。

四、遵循地质工作规律和市场经济规律

一是对石油天然气等流体矿产实行探采一体化管理，探矿权人发现可供开采的油气资源等流体资源，在报告登记管理机关后即可进行开采，鼓励矿产资源勘查，加快勘查进程。

二是优化探矿权设置期限和核减勘查面积，根据不同矿产成矿条件和资源禀赋，实行差别化管理，对于盐湖矿产、流体矿产等，探矿权续期时可以不核减勘查面积，在到达规定允许勘查的最长期限后，不能转采的区域一并核减。

三是放松探矿权流转限制，鼓励探矿权正常流转，没有继续勘查意愿、没有进一步勘查能力的探矿权人将探矿权转让出去，有利于探矿权向有资金实力、有技术优势、有勘查意愿的企业聚集，促进加快勘查进程，加快实现找矿突破。

第六章

勘查方案

新《矿产资源法》建立了勘查方案管理制度，规定探矿权人应当按照矿业权出让合同以及相关标准、技术规范等，编制勘查方案，经原矿业权出让部门批准，取得勘查许可证，按照经批准的勘查方案进行勘查作业；勘查方案需要作重大调整的应当报原矿业权出让部门批准。由此可见，勘查方案是取得勘查许可证的前置要件，也是规范和加强矿产资源勘查作业管理的重要抓手。本章梳理回顾了历史上不同时期勘查方案管理情况，总结地方改革探索和经验做法，提出政策建议，为健全完善勘查方案管理制度提供参考。

第一节　勘查方案管理历史回顾

勘查方案是政府管理机关规范和加强矿产资源勘查工作的重要抓手，在不同的历史时期，矿产资源勘查管理制度、目标任务不同，勘查方案定位和作用不同，勘查方案管理要求和方式也不同。

（本章执笔人：许书平、司芗、韩亚琴、李品德）

一、1950—1985 年，颁发探矿执照的矿业主管机关负责探矿计划审查和实施监管

新中国成立后，为推动尽快恢复旧矿区生产和探采新矿区，1951 年 4 月颁布实施了《矿业暂行条例》，规定申请新矿区探矿，如新矿区为大矿区的，申请人需要提交“探矿计划书”，在领到探矿执照后半年内要按原定计划施工，中央主管矿业机关或其授权的机关定期对探矿人的工作计划及其执行情况进行考核，如探矿人投资额、工程进度等不能达到计划标准，视情节轻重，予以警告或核减矿区面积。《矿业暂行条例》建立探矿工作计划管理制度，对加强矿产资源勘查管理，促进探矿人加大探矿投入、加快探矿进度，保障国民经济和社会发展对矿产资源需求，发挥了积极作用。

1958—1960 年“大跃进”、1966—1976 年“文化大革命”，矿产资源勘查工作受到严重冲击。这期间，探矿计划管理存在一些突出问题，一是探矿计划编制不合理，对综合勘查重视不够，由于实行按矿种分部门管理体制，各个部门从各自职责出发下达矿产资源勘查计划，按照自己管理的矿种编制探矿计划，而不是根据勘查区地质实际情况编制探矿计划，单一矿种勘查、重复勘查等问题较为严重，多个工业部门先后或同时在一个矿区开展勘查工作，各找各的矿。二是探矿计划实施和监管不到位，受当时“大跃进”影响，矿业开发大干快上，地质勘查工作不按规程规范作业，不遵循地质工作规律，边勘查、边设计、边施工，浮夸虚报矿产储量；“文化大革命”时期，矿业发展遭到严重破坏，政府机关工作陷于瘫痪、半瘫

痪状态，对探矿工作管理和监管严重弱化。

1978 年党的十一届三中全会胜利召开，工作重点转移到了社会主义现代化建设上来。在矿产资源勘查领域，为规范勘查设计编写要求，提高勘查设计编写质量，促进提升勘查工作质量和效率，1979 年 12 月地质部印发了《固体矿产普查勘探设计编写、审批规定（试行）》，明确勘查设计编写内容、编写要求、审批要求和实施要求；强调地质普查、勘探设计是地质队为完成普查、勘探任务而编写的“作战方案”，是制定计划的依据，必须要认真编写，严格按照批准的设计施工，不得随意改变设计目的任务、部署原则、工作程度、质量标准和工作期限；工作中出现与原设计不相符合的情况时，在不改变设计规定的目的任务、部署原则、工作程度及质量标准的前提下，执行单位可根据实际情况及时修改原设计，并将修改意见报原审批单位备案，如原涉及规定的目的任务、部署原则、工作程度、质量标准有部分改变时，应及时编制有关部分的补充设计，如有较大改变时，应重新编制设计，上报原设计批准机关审批。

一、1986—1995 年，勘查项目主管部门负责勘查方案审查和实施监管

1986 年《矿产资源法》颁布实施，建立了矿产资源勘查管理制度，明确规定：勘查矿产资源，必须依法登记。1987 年颁布实施《矿产资源勘查登记管理暂行办法》，对矿产资源勘查登记管理作出了具体规定，明确了登记管理机关和勘查项目主管部门各自职责，

登记管理机关负责对申请勘查登记的勘查项目进行复核、登记，复核申请登记的勘查项目是否遵循综合勘查原则、是否重复勘查、是否具有相应的勘查能力、是否符合择优登记要求等事项；勘查项目主管部门负责勘查项目登记前的审查、协调等工作，负责勘查项目登记后的勘查施工、监督和检查等工作。

这一时期，矿产资源勘查领域仍实行高度计划经济管理，矿产资源勘查以国有地勘单位为主体，国有地勘单位按照勘查项目主管部门下达的勘查计划，向登记管理机关申请矿产资源勘查登记，取得探矿权后，按照下达的勘查计划开展矿产资源勘查工作，受勘查项目主管部门管理和监督。

由此可见，勘查方案编写、审查、实施和监管等均由勘查项目主管部门负责，登记管理机关不负责勘查方案相关管理工作，办理勘查登记时也不要求提交勘查方案。对登记管理机关来说，勘查方案主要作用是作为择优登记的依据之一，当出现两个或两个以上单位申请登记同一地区的同一工作对象时，可以对勘查方案进行比较，勘查方案合理，投资少，预期效果好的，优先登记。

三、1996—2002 年，登记管理机关负责对勘查实施方案审查，将其作为探矿权登记发证的依据

为建立与社会主义市场经济体制发展相适应的矿产资源管理体制，1996 年对《矿产资源法》进行了修改，进一步健全完善矿产资

源勘查管理制度。1998 年，颁布实施了《矿产资源勘查区块登记管理办法》，提出了“勘查实施方案”的概念，将勘查实施方案作为申请探矿权的要件资料之一，目的是登记管理机关便于审查勘查项目是否合理可行，并据此确定勘查作业区的区块范围。

这一时期，国家对矿产资源管理体制进行改革，将原由各工业部门和单位行使的矿产资源行政管理职能划入国土资源部，实行矿产资源集中统一管理制度，勘查实施方案由登记管理机关负责审查，作为探矿权登记发证的重要依据。

由于对勘查方案编写、审查、实施、监管等没有作出明确规定要求，在管理实践中，勘查实施方案编写要求不统一，编写内容差异较大，形式各样；勘查实施方案审查主要是形式性审查，没有对编写内容作实质性审查；探矿权人没有按照勘查实施方案进行施工，管理机关也没有按照勘查实施方案进行监管，实际勘查工作与勘查实施方案不一致的情况较为普遍。

四、2003—2009 年，登记管理机关负责对勘查实施方案审查，将其作为探矿权登记发证和基层管理部门监管依据

随着社会主义市场经济的发展，探矿权人主体呈现多元化，既有国有地勘单位、国有矿业企业，也有外资企业、私营企业，甚至个人。探矿权人主体多元化后，利益也多元化，矿产资源勘查目的也多元化，“跑马圈地”“圈而不探”、炒作探矿权等违法违规行为

时常发生。

为规范矿产资源勘查行为，加强矿产资源勘查管理，管理机关加大了对勘查实施方案执行情况监督检查力度。2003 年 1 月，国土资源部印发了《市（地）县（市）级国土资源主管部门矿产资源监督管理暂行办法》（国土资发〔2003〕17 号），要求勘查作业区所在的市、县级国土资源主管部门，对探矿权人勘查实施方案执行情况进行年度检查。2006 年 1 月，国土资源部印发了《关于进一步加强煤炭资源勘查开采管理的通知》（国土资发〔2006〕13 号），要求对煤炭勘查设计或实施方案进行严格审查，不符合要求的，不予批准；煤炭探矿权人要严格按照经批准的勘查设计施工，在勘查中确需对勘查设计进行变更的，须按程序重新报登记管理机关批准。

由于没有对勘查实施方案编写内容作出规定，也没有对探矿权人不按勘查实施方案施工如何处罚作出规定，实际管理中，勘查施工和勘查实施方案不一致的情况仍然较为普遍，一些勘查实施方案粗制滥造，没有找矿应具备的基本要素，甚至有“三无”方案，即“无找矿依据，无找矿目标，无找矿部署”。

五、2010 年至今，明确勘查方案编写要求，登记管理机关组织专家对勘查方案进行审查，强化审查和监管要求

为进一步规范矿产资源勘查秩序，健全完善勘查实施方案管理措施，明确勘查实施方案编写、审查和监管要求，2009 年 12 月，国

土资源部印发了《关于进一步规范探矿权管理有关问题的通知》（国土资发〔2009〕200号），规定探矿权申请人提交的勘查实施方案应符合地质勘查规程、规范和标准；登记管理机关组织专家对勘查实施方案进行审查；探矿权人应按照勘查实施方案进行勘查施工，需要对勘查实施方案进行调整的，应及时向登记管理机关备案；地方各级国土资源主管部门应当加强对探矿权人勘查施工情况的监督检查，督促其按照批准的勘查施工方案进行施工。2010年4月，国土资源部办公厅印发了《关于规范矿产资源勘查实施方案管理工作的通知》，明确了勘查实施方案编制大纲、审查重点、审查要求。2010年11月，国土资源部印发了《关于进一步规范矿产资源勘查年度检查的通知》（国土资发〔2010〕180号），把按照批准的勘查实施方案施工作为年检工作重点检查的内容之一。

2016年，国土资源部印发《油气勘查实施方案及开发利用方案编写大纲》（国土资规〔2016〕18号），进一步明确了油气勘查实施方案编写和审查要求。

这一时期，登记管理机关通过加强对勘查实施方案管理，为规范矿产资源勘查秩序，抑制“跑马圈地”“圈而不探”等发挥了积极作用，对提高勘查工作质量、促进勘查工作进展取得了良好效果，但也遇到了一些难题和暴露出一些问题，一是勘查实施方案由专家负责审查，受专家责任心、能力水平，以及对勘查项目区域地质构造、成矿条件熟悉程度等影响，勘查方案审查质量参差不齐，有的流于形式；二是矿产资源勘查技术性较强，勘查项目所在地在大都地处偏远、交通不便，基层监管力量薄弱，人员力量不足，专业人员更少，按照勘查实施方案实施监管难度较大；三是矿产资源勘查工作具有较强探索性，随着勘查工作推进，勘查认识在不断变化，勘查工作部署、工作方法手段等也需要随之调整，实际勘查工作时常与勘查方案不一致，在管理中处理好勘查实施方案、勘查施工、方案修编、监督管理之间衔接难度较大，不容易操作实施。

第二节　新时代勘查方案管理改革探索

一、勘查方案增加了绿色勘查内容，加强绿色勘查管理

为牢固树立和践行“绿水青山就是金山银山”的发展理念，加强生态环境保护，有的地方探索在勘查实施方案中增加绿色勘查的内容，推进绿色勘查。比如，青海省结合本省生态环境较为脆弱的实际，创新地质工作思路，提出了绿色勘查新理念，探索推进绿色勘查，2016 年开始先后印发了《青海省绿色勘查管理办法（试行）》《青海省绿色勘查工作细则（试行）》《青海省绿色勘查管理办法》《青海高原绿色勘查规范》等管理政策和标准规范，将绿色勘查工作贯穿于矿产资源勘查项目立项、设计、实施、报告编写等各个阶段，在矿产资源勘查项目设计（方案）中单设“绿色勘查专章”，在审查时作为重要内容进行重点审查，探矿权人每年将绿色勘查工作情

况作为矿业权人勘查开采信息公示的重要内容予以公示，各市、县自然资源主管部门开展辖区内绿色勘查工作的监督管理，每年抽查率不低于辖区内地勘项目总数的5%。

在总结地方做法的基础上，2021年自然资源部发布了行业标准《绿色地质勘查工作规范》（DZ/T 0374—2021），要求通过采用合理的地质勘查技术方法、手段和设备等，实现对生态环境不利影响最小化，推动地质勘查绿色发展；将绿色勘查内容体现在勘查设计中，绿色勘查内容可以单独成章，也可以融入相关章节。2024年自然资源部、国家林草局印发了《关于在新一轮找矿突破战略行动中全面实施绿色勘查的通知》（自然资发〔2024〕122号），要求财政出资的各类地质勘查项目，勘查实施方案中要明确绿色勘查具体措施；新出让的探矿权，要将矿业权人绿色勘查义务在合同中载明，并在勘查实施方案评审中，对绿色勘查措施进行严格把关，促进矿业权人落实绿色勘查各项规定和要求。生态保护红线内自然保护地核心保护区外依法开展的地质勘查工作，要根据森林、草原、湿地、荒漠等不同场景采取针对性的绿色勘查方法和装备，在勘查实施方案中进行明确。

二、推进勘查方案管理“放管服”改革，赋予探矿权人对勘查方案编写和审查更大自主权

党的十八大后，党中央、国务院对推进政府职能转变和深化行政审批制度改革作出重要决策部署，2015年，国务院印发了《关于第一批清理规范89项国务院部门行政审批中介服务事项的决定》

（国发〔2015〕58 号），取消了一批行政许可审批中介服务事项，勘查实施方案编制单位不要求具有地质勘查资质，探矿权人可以自行编制，也可以委托他人编制。2017 年，中办、国办印发《矿业权出让制度改革方案》，在山西、福建、江西、湖北、贵州、新疆等 6 省（区）开展试点，全面推进矿业权竞争性出让，实施矿业权出让合同管理，探矿权竞得人按照合同约定事项编制勘查实施方案，管理机关不再对勘查实施方案进行审查。

各地贯彻落实党中央、国务院决策部署，对勘查实施方案管理进行了改革探索。2016 年，江西省人民政府印发《关于取消和下放一批行政审批项目和备案项目的决定》，取消对勘查实施方案审查要求，江西省自然资源厅负责登记的探矿权，不再组织专家对勘查实施方案进行审查。2020 年，贵州省自然资源厅印发《关于深入推进矿产资源管理改革若干事项的意见（试行）》（黔自然资规〔2020〕4 号），取消矿产资源绿色勘查实施方案评审、备案事项，将矿产资源绿色勘查实施方案纳入矿业权人勘查开采信息公示实地核查内容。2021 年，福建省自然资源厅印发《关于进一步规范矿业权申请有关事项的通知》（闽自然资发〔2021〕55 号），除已设采矿权深部或上部勘查设立探矿权，需要由县级自然资源主管部门组织专家对勘查实施方案进行审查外，其他情形设立探矿权以及探矿权延续、保留、变更等，均不需要管理机关对勘查实施方案进行审查。2024 年湖北省自然资源厅印发《关于进一步深化矿业权管理改革完善出让登记工作的通知》（鄂自然资规〔2024〕1 号），将勘查实施方案审查与矿产资源储量报告评审备案保持一致，矿产资源储量报告不属于政府评审备案范围的，自然资源主管部门可不再组织对其勘查实施方案进行审查。

三、改革矿产资源勘查监管方式，勘查方案不作为监督管理依据

在管理实践中发现，取消勘查实施方案编制单位资质要求，不再限定具有地质勘查资质的单位才能编制勘查实施方案，探矿权人提交的勘查实施方案质量下降较为明显，随着一些地方陆续取消管理机关对勘查实施方案审查要求，勘查实施方案质量进一步下降，发挥不了指导勘查作业的作用，存在实际勘查工作与勘查实施方案不相符的情况，也就难以依据勘查实施方案对勘查作业行为进行监管。2021 年，自然资源部办公厅印发《关于做好 2021 年矿业权人勘查开采信息公示工作的通知》（自然资办发〔2021〕23 号），自然资源主管部门在信息公示核查工作中不再对年度最低勘查投入情况和勘查实施方案具体执行情况进行检查。

第三节　勘查方案管理新定位和新要求

新《矿产资源法》是一次整体性、系统性、重构性的修改，不仅建立了新的勘查方案管理制度，同时也对矿业权管理制度进行了重

构。矿业权管理与勘查方案管理是联动的，矿业权管理制度的调整变化也必然会要求勘查方案管理进行相应调整。随着新《矿产资源法》颁布与实施，勘查方案在矿产资源管理中的作用有了较大的变化。

一、全面推进矿业权竞争性出让，勘查方案不再是确定探矿权出让登记权限的依据

以申请批准方式设立探矿权，登记管理机关收到探矿权申请，要判断是否属于自己登记发证的权限，重要依据是勘查方案，从勘查方案中了解掌握申请勘查的区域位置、勘查面积、勘查矿种、计划勘查投入等，对照探矿权登记发证权限划分规定，可以确定应由哪个层级的登记管理机关负责登记发证。由此可见，以申请批准方式设立探矿权，勘查方案是登记管理机关确定探矿权登记发证权限的重要依据。

新《矿产资源法》建立了全面实行矿业权竞争性出让制度，规定矿业权应当通过招标、拍卖、挂牌等竞争性方式出让。按照新《矿产资源法》规定，新设立的探矿权，由登记管理机关对区块进行公开出让，竞得人（中标人）竞得（中标）后，申请办理探矿权登记。登记管理机关通过竞争性方式出让探矿权，在出让之前，已了解掌握了区块范围所在的区域位置、地质工作情况、拟出让的勘查面积、勘查矿种等情况，知道应由哪级登记管理机关负责出让登记发证。由此可见，全面实行矿业权竞争性出让制度，不再需要依据申请人提交的勘查方案来确定探矿权出让登记权限。

二、实行物权登记和行政许可相分离制度，勘查方案不是探矿权登记的依据

新《矿产资源法》建立了探矿权出让、登记和勘查许可制度，登记管理机关通过招标、拍卖、挂牌等方式出让探矿权，确定受让人，签订探矿权出让合同，办理探矿权登记，发放探矿权证书，审批勘查方案，颁发勘查许可证。新《矿产资源法》将探矿权登记和勘查许可相分离，先进行探矿权登记，再颁发勘查许可证，在探矿权登记环节，不需要提交勘查方案。由此可见，勘查方案不是探矿权登记的要件，也不是探矿权登记的依据。

三、实行物权登记和行政许可相分离制度，勘查方案是颁发勘查许可证的重要依据

新《矿产资源法》规定，探矿权人取得探矿权后，进行矿产资源勘查前，应当编制勘查方案，报登记管理机关批准，取得勘查许可证。由此可见，探矿权人要取得勘查许可证，必须先编制勘查方案，并报登记管理机关审查通过，勘查方案是申请勘查许可的核心要件，是颁发勘查许可证的重要依据。

四、按照经批准的勘查方案施工和监管，勘查方案是勘查作业和监管的重要依据

新《矿产资源法》规定，探矿权人应当按照经批准的勘查方案进行勘查作业，勘查方案需要作重大调整的，应当报管理机关批准；

未按照经批准的勘查方案进行矿产资源勘查作业，根据情节严重程度，分别予以罚款、停业整顿、吊销许可证等处罚。由此可见，勘查方案是探矿权人勘查作业的重要依据，是管理机关对勘查作业行为监管的重要依据。

五、实施探矿权出让合同管理，勘查方案是落实合同中差别化管理的重要措施

新《矿产资源法》建立了矿业权出让合同管理制度，对矿产资源勘查开采实行全生命周期管理。实施探矿权出让合同管理，创新探矿权管理方式，有利于加强矿产资源勘查过程管理和实行差别化管理，通过探矿权出让合同对一些特别事项进行约定，并在勘查过程中履行合同约定，其中有些约定事项需要在勘查方案中明确，作为实施和监管的依据。比如，在生态环境脆弱地区开展勘查工作，在探矿权出让合同中会对矿产资源勘查提出保护生态环境要求，这些要求需要落实到勘查方案中来，明确开展勘查工作采取的勘查方法、勘查技术、勘查装备、勘查措施等，确保以此设计的勘查施工将对环境扰动降低到最小，保护生态环境。

第四节　构建新的勘查方案管理机制意见建议

从勘查方案管理实践来看，虽然对勘查方案管理制度进行了多

次改革调整和健全完善，但仍然存在以下问题未得到有效解决：一是勘查方案编写的科学性不足，探矿权申请人往往把勘查方案作为办理勘查许可证的要件，对勘查方案编写不重视。二是探矿权人不按照勘查方案施工，勘查方案编写本身就欠缺科学性，再加上地质找矿工作具有很强的探索性，勘查过程中勘查工作进行了调整变化，而勘查方案却并未相应进行修编，实际勘查工作往往与勘查方案不一致。三是管理机关未按照勘查方案监管，勘查项目区域大都地处偏远、交通不便，且勘查技术性较强，基层监管力量薄弱，人员力量不足，专业人员更少，按照勘查实施方案实施监管难度较大。

究其问题根源是监管不到位，管理机关不按勘查方案进行监管，探矿权人就有选择余地，可以按照勘查方案作业，也可以不按照勘查方案作业；既然可以不按照勘查方案作业，探矿权人也就认为没有必要花费时间精力和费用去认真编制勘查方案，编制出来的勘查方案必然也就不会科学合理。

监管不到位的原因有多方面的：一是认识上有分歧，有的认为地质找矿工作探索性较强，勘查过程中勘查作业调整变动是常态，严格按照勘查方案施工不符合地质工作规律。二是管理上较为烦琐，为了实现勘查作业与勘查方案保持相对一致，探矿权人开展勘查作业时需要进行调整变动的，同步修编勘查方案，并按规定报管理机关批准或备案，修编和审查勘查方案需要占用探矿权人和管理机关较大精力。三是监管到位有难度，管理人员力量有限，要对为数众多、地处偏远的探矿权实施专业监管，及时发现、责令整改、进行处罚难度较大。

为解决管理中深层次问题，新《矿产资源法》建立勘查方案管理制度，探矿权人按照标准规范编制勘查方案，按照经批准的勘查方案进行勘查作业，有重大调整的需要及时报批；管理机关组织对勘查方案进行审查批准，按照经批准的勘查方案进行监管。贯彻落实新《矿产资源法》推动建立的勘查方案管理制度顺利落地实施，取得实效，在研究制定配套管理制度和措施时，坚持问题导向和目标导向相结合，制度措施既科学合理，又具有可操作性可实施性。

一是将思想和行动统一到新《矿产资源法》精神上来。在矿产资源法修改过程中，大家对勘查方案如何管理有不同认识、不同看法很正常，可以进行广泛而深入地讨论和辩论，现新《矿产资源法》已颁布，大家需要按照新《矿产资源法》建立的勘查方案管理制度落实和执行，在新的制度框架下，贡献智慧研究优化完善配套管理制度和管理措施，解决管理中存在的深层次问题，取得最大管理成效。对于在新的管理实践中遇到新的问题，跟踪总结分析，持续不断优化管理制度和管理措施，同时不断为矿产资源法律法规修改完善制度积累经验。

二是勘查方案管理要化繁为简，便于操作实施。矿产资源埋藏在地底下，看不见摸不着，在没有探明之前，判断有没有、有多少都是在研究分析的基础上推断出来的。随着勘查工作推进，勘查认识往往会变化，之前设计的勘查方案也就需要随之调整变化，由此可见，勘查过程中勘查方案调整是常态，这是客观实际。在管理中要遵循这一客观规律，不能勘查工作一有变化就要求探矿权人修改勘查方案，并报管理机关批准，将探矿权人和管理机关大量精力耗费在勘查方案文本上。为此，需要准确理解新《矿产资源法》关于勘查方案需要作重大调整的规定，既遵循地质工作规律，又利于管理实际，可将重大调整理解为勘查主要目的任务、勘查主要工作方法发生重大变化的，需要重新编制勘查方案，并报管理机关批准；其他方面有调整变化的，自行修编，减轻探矿权人和管理机关人员负担。

三是勘查方案审查要严格把关，促进提高勘查方案质量。管理机关通过严格勘查方案审查，促使探矿权人从思想上高度重视，行动上认真对待，加大对已有成果资料收集整理研究分析，提高勘查方案编写科学性合理性，从源头上减少后续不必要的修改和调整。管理机关组织勘查方案审查时，选取的专家业务水平高、认真负责，对勘查项目所在区域地质成矿背景、地质特征、成矿条件等熟悉，既能把好关，使审查通过的勘查方案符合标准规范要求；又能提出建设性意见建议，促进提升勘查方案的科学性合理性，增强对勘查工作指导性。探矿权人通过深入研究、认真编写勘查方案，在审查过程中获得专家高水平指导服务，进一步深化对勘查区域地质工作认识，主动按照要求编制勘查方案、报管理机关审查、按经批准的勘查方案进行作业。

四是勘查方案要加强过程管理，了解掌握勘查作业情况。新《矿产资源法》将探矿权首次设立有效期限由 3 年延长为 5 年，每次延续有效期限由2年延长为5年，意味着每次办理勘查许可证、勘查方案有效期限也将延长至5年，在这5年时间内实际勘查工作和经批准的勘查方案或多或少都会有一些变化，对于勘查方案有重大调整的需要重新编制和报批，而对于没有重大调整的没有要求重新编制和报批，为了解掌握勘查方案实施情况和变化情况，有必要按照互联网+政务服务要求，建立勘查方案管理信息系统，要求探矿权人在互联网上通过勘查方案管理信息系统，每年1月底前提交上年度完成勘查工作量、投入勘查资金一栏表，以及勘查工作实施情况简要报告，如果实际勘查工作与经批准的勘查方案有变化的，要详细说明变化的内容和变化的原因。

五是勘查方案实施情况监管与过程管理结合起来，及时发现问题和处理问题。勘查作业监管专业性强、难度大、任务重，按照新《矿产资源法》要求，管理机关对照勘查方案监管探矿权人勘查作业，需要配备专门和专业的人员力量，而基层管理部门从事矿产资源管理专业人员有限，实施起来有难度。为落实新《矿产资源法》强化勘查方案监管要求，既要加强人员力量，也需要创新勘查作业监管方式，勘查方案是动态调整的、是变化的，但是勘查作业实施情况的结果是确定的，因此，对勘查方案实施监管，可以将探矿权人提交的年度勘查工作实施情况报告、5年勘查周期内勘查工作总结报告与勘查方案进行比照，初步判断探矿权人按照勘查方案作业情况，在此基础上进行有重点的监管就可以有的放矢，达到事半功倍的效果。

六是勘查方案编写内容要求要科学合理，符合市场经济条件下勘查工作实际。新《矿产资源法》实行全面竞争性出让矿业权制度、矿业权物权登记与矿产资源勘查开采行为许可相分离制度，勘查方案在探矿权管理中的定位和作用也随之发生了重大变化；新《矿产资源法》对战略性矿产安全保障、综合勘查、绿色勘查等提出新要求，勘查方案也需要增加相应重点内容；新《矿产资源法》对勘查方案编制、报批、勘查作业、监管等作出了新规定，勘查方案管理要做到可落地、可实施，实现既“放得活”又“管得住”，需要认真研究明确勘查方案包含哪些内容，以此确定政府管理的事项，能由市场机制发挥调节作用的，尽量减少政府行政管理，调动探矿权人自身管理和决策积极性和主动性，政府将有限的人员力量发挥最大的管理效益。

七是勘查方案管理要与相关管理事项做好衔接，实现强化勘查方案管理的目的。与探矿权出让合同管理做好衔接，将合同管理中有关勘查工作差别化管理要求，在勘查方案编制、实施和监管等工作中落地实施。与矿业用地管理做好衔接，探矿权人在编制勘查方案时，要充分考虑勘查用地情况，勘查方案设计的勘查工作部署与用地管理政策相衔接，确保勘查工作能够按勘查方案设计推进实施。与探矿权延续缩减勘查面积或不予延续等做好衔接，勘查方案可以作为探矿权缩减勘查面积或不予延续的重要依据。与最低勘查投入等经济管理措施做好衔接，勘查方案设计的勘查工作量应能够满足最低勘查投入要求。与绿色勘查管理做好衔接，特别是对于在生态保护红线内开展勘查工作的探矿权，要按照生态环境保护要求、绿色勘查规范要求编制和审查勘查方案，严格监管勘查作业活动。

八是勘查方案需要重新编报的，建立即报即审机制。探矿权人在勘查过程中确需对勘查方案作重大调整的，新《矿产资源法》规定，应当按照规定报原矿业权出让部门批准。为了尽量不影响探矿权人勘查工作时间，保障探矿权人的权益，同时促进加快勘查进程，对勘查方案有重大调整需要重新编写的，优化审查批准流程，提高效率，管理机关收到重新编写的勘查方案，应立即组织审查。

第七章

开采方案

新《矿产资源法》明确矿业权人在进行矿产资源开采作业前，应当编制开采方案，报原矿业权出让部门批准，取得采矿许可证；开采方案需要作重大调整的，应当按照规定报原矿业权出让部门批准。开采方案应紧紧围绕自然资源管理部门职责，在开采区域设置、开采方式选择、开采矿种确定、资源开发综合利用等方面提供科学合理技术论证，为采矿权人进行开采作业提供依据。开采方案编制内容应按照“突出重点，抓大放小，应简尽简”的宗旨，把握“实用性”，并遵循“能够监管、便于监管、客观有效”的原则，聚焦“管用性”，保障开采活动规范有序。

第一节　开采方案制度沿革与管理实践

改革开放之前，先后采用在采矿申请时附采矿计划书、矿山设

（本章执笔人：王建忠、郑晓涵、许书平、王硕、王倩、董立功）

计等做法，不要求单独编制开采方案。1986 年《矿产资源法》颁布后开始实施开采方案以及开发利用方案管理制度，在开办矿山企业、办理采矿许可证，规范矿业权审查登记以及促进矿产资源合理开采和综合利用等方面发挥了重要作用。开采方案管理制度沿革大致可以分为三个阶段。

一、改革开放至 1998 年，办矿主体不同提交开采方案要求不同

1986 年《矿产资源法》颁布施行，规定设立矿山企业，应由审批机关对其矿区范围、矿山设计或者开采方案、生产技术条件、安全措施和环境保护措施等进行审查。

1994 年《矿产资源法实施细则》颁布实施，对不同的主体应递交供审核的报告做出了分类规定：（1）开办国有矿山企业，应递交矿山建设项目的可行性研究报告（含资源利用方案和矿山环境影响报告）和矿山设计；（2）开办集体所有制矿山企业或者私营矿山企业，应递交与所建矿山规模相适应的，符合国家产业政策和技术规范的可行性研究报告、矿山设计或者开采方案；（3）申请个体采矿，应递交经批准的开采方案。

这一时期，在《矿产资源法》及一系列配套政策颁布实施以后，可行性研究报告、矿山设计、开采方案的编审逐渐成为设立矿业企业、进行矿山开采及资源综合利用等环节的前置条件。

二、1998 年至 2023 年，开发利用方案作为矿业权登记重要要件，随矿业权管理制度变化不断完善

1998 年国务院发布了《矿产资源开采登记管理办法》（国务院令第 241 号），规定采矿权申请人申请办理采矿许可证时，应当向登记管理机关提交矿产资源开发利用方案，这是首次提出开发利用方案的概念。

为贯彻实施国务院令第 241 号，适应 1998 年国务院机构改革后矿产资源行政管理职能调整的变化，加强矿产资源开发利用前期管理，国土资源部于 1999 年制定了《关于加强对矿产资源开发利用方案审查的通知》（国土资发〔1999〕98 号），对开发利用方案的编写内容和审查大纲作了明确规定，要求各级地矿行政管理机关在受理采矿权申请时，必须加强对开发利用方案的审查，保证开发利用方案编写的规范化和审查工作的质量，严格把好资源利用的源头关。2009 年，国土资源部为规范油气开发利用方案编写，印发了《油气（含煤层气）勘查实施方案及开发利用方案编写大纲》（国土资厅发〔2009〕63 号）。2016 年，对油气开发利用方案编制大纲进行了调整，印发了《油气勘查实施方案及开发利用方案编写大纲》（国土资规〔2016〕18 号），规定开发利用方案是油气资源勘查开采监督管理的主要依据之一。

国土资发〔1999〕98 号文出台后，开发利用方案编制审查逐渐规范，在此后的 20 多年时间里，矿产资源管理制度在很多方面进行了改革，开发利用方案管理实际也作了相应调整变化。比如，一是

编写要求发生变化，国务院2015年发文取消了开发利用方案编制资质的要求；二是对编写时序进行了调整，不再将环境影响报告书、水土保持方案、土地复垦实施方案作为开发利用方案编报的前置条件；三是对编写形式进行了优化，部分省（区、市）推进开发利用方案、地质环境保护与土地复垦方案合并编审，即“三合一”合编合审；四是增加了编写内容，如部分省（区、市）为服务于矿业权出让收益评估增加了技术经济评价章节，为推进生态文明建设增加了绿色矿山建设章节；五是编报情形不断增加，除开采方式变化、开采主要矿种变更、扩大开采范围外，部分省（区、市）还建立了开发利用方案修编机制，修编情形包括采矿方法变更、生产规模变更、资源储量发生重大变化等；六是管理作用不断变化，如开发利用方案对矿山企业监督检查的依据作用从不断加强到逐渐弱化。2009年，国土资源部规定，地方各级国土资源行政主管部门要按照开发利用方案加强对矿山企业合理开发利用矿产资源的监管。2021年，自然资源部规定，自然资源主管部门在信息公示核查工作中不再对开发利用方案具体执行情况进行检查。

三、2023年以来，开发利用方案随矿产资源管理制度改革作出重大调整

（一）矿区范围的确定成为开发利用方案编制和审查的重要内容

2023年，《自然资源部关于进一步完善矿产资源勘查开采登记

管理的通知》（自然资规〔2023〕4 号）简化了探矿权转采矿权程序。将原来先划定矿区范围，后申请采矿权新立登记两次审批合并，简化为直接申请新立登记一次审批，规定探矿权人根据资源储量估算范围、井口装置、输油（气）管线（外输管线除外）、集输站、井巷工程设施分布范围或者露天剥离范围的立体空间区域，确定采矿权申请的矿区范围，经编制审查矿产资源开发利用方案后，向登记管理机关申请新立采矿登记。

由于矿区范围的定义发生多次变化、矿区范围确定的依据不断调整，如何合法合规、科学合理地确定采矿权矿区范围，也成为开发利用方案编制审查的重点和难点。如一些矿山企业为了尽快取得采矿许可证，在开发利用方案编制时对矿山如何建设研究不够，申请矿区范围随意性较大，有的申请范围远远超出了资源量估算范围，也有的对井巷工程设施布置或者露天剥离范围缺乏合理性论证。此外，申请矿区范围能否超出探矿权范围，是当前矿业权管理和开发利用方案审查的难点之一，有的探矿权初始设立时勘查面积过小，存在“先天不足”，也有的探矿权在申请保留时仅保留了资源储量估算范围，导致探转采时井巷工程设施布置或露天剥离范围的确定捉襟见肘，查明资源会有一部分难以采出造成资源浪费，也容易产生越界开采问题。

（二）开发利用方案管理作出的重大调整

为贯彻落实矿产资源管理改革的有关要求，解决管理实践中开发利用方案的定位未根据矿业权管理政策变化及时调整、与相关部门职责和其他设计之间的边界不清、对矿山建设的指导依据不足，以及开发利用方案对矿山企业约束力变弱、申请人重视程度不够、取消资质要求后编制质量参差不齐等问题，自然资源部于2024年7月印发《自然资源部办公厅关于印发矿产资源（非油气）开发利用方案编制指南的通知》（自然资办发〔2024〕33号），对开发利用方案管理作出重大调整。比如，一是明确了开发利用方案编制的4种情形，即申请采矿权新立登记、采矿权扩大矿区范围变更、开采主矿种变更、开采方式变更；二是根据自然资源管理部门职责，调整审查重点，对开发利用方案的编制内容进行了大幅度的优化，精简采矿、选矿有关方面内容，降低编制深度，删除环境保护、矿产品需求现状和预测、矿山安全等章节，增加采矿权矿区范围的确定章节，规范编制格式。

通过梳理以上历史沿革，可以看出关于开采方案的名称概念、定位作用以及编制审查要求是不断调整变化的。开采方案、开发利用方案在各个时期被赋予的管理职责不同，编制审查的主要内容和重点要求各有侧重，对我国矿产资源科学、合理地保护与开发利用，对矿产资源大力支撑国民经济和社会发展起到了重要的作用。目前，新《矿产资源法》又重新采用“开采方案”这一名称。

第二节　开采方案的新定位、作用与编制内容

开采方案应紧紧围绕自然资源管理部门职责，在开采区域设置、

开采方式选择、开采矿种确定、资源开发综合利用等方面提供科学合理技术论证，为采矿权人进行开采作业提供依据。开采方案与可行性研究报告、矿山初步设计、安全设施设计等的定位、管理出发点和作用不同，编制内容和设计深度有明显差异，审查情形和方式也有区别，不能相互替代，应厘清各方案、设计之间的边界和责任。

一、开采方案的定位应聚焦自然资源管理部门职责

在矿产资源开发利用链条中，开采方案管理的重点在于把好资源合理开发利用的源头关，同时也是取得采矿许可证的重要要件，对矿产资源开发利用各环节起着方向性和基础性的作用。按照新《矿产资源法》规定，开采方案的定位应紧紧围绕自然资源管理部门职责，其既是采矿权人开展开采活动的依据，也是管理部门对开采活动进行监管的依据。主要作用包括：一是为颁发采矿许可证提供技术支撑，如采矿许可证载明的开采区域、开采矿种、开采方式、服务年限等；二是为加强矿产资源开发利用前期的管理，开采方案应重点聚焦开采区域科学合理设置、资源合理开采和节约集约利用，根据资源赋存、地质背景、生态环境特征等条件，因地制宜选择合理的开采方式，并采取有效措施确保矿产资源开采回采率、选矿回收率和综合利用率达到有关国家标准的要求；三是开采方案对后续编制矿山初步设计和安全设施设计应起宏观指导作用，矿山初步设计和安全设施设计需做好与开采方案的衔接，不能与开采方案确定

的主要内容相矛盾，并厘清各方案或设计之间的边界和责任，将开采方案与矿山初步设计和安全设施设计一起作为矿山生产建设和监管的依据。

二、开采方案在采矿许可和监督管理中的作用

（一）开采方案在采矿许可中的作用

新《矿产资源法》规定，开采方案是取得采矿许可证的要件，是采矿权人进行开采作业的依据，其主要作用之一是为颁发采矿许可证提供技术支撑，采矿许可证上证载相关内容，需要由开采方案来确定。如开采区域的确定是完成地质勘查工作到矿山建设生产之间的关键环节，是编制《矿区生态修复方案》等方案或设计的重要依据，是矿山开采全生命周期管理的基础之一，与矿山建设、安全生产、生态环保、建设用地、生态修复等事项或环节密切相关。另外，开采矿种、开采方式、矿山服务年限以及矿产资源“三率”指标等，也需要在开采方案中进行论证说明。

（二）开采方案在监督管理中的作用

新《矿产资源法》规定，未按照经批准的开采方案进行矿产资源开采作业造成矿产资源破坏的，按照不同情节分别处以罚款、停业整顿、吊销采矿许可证的处罚。因此，是否按照批准的开采方案进行开采作业，将成为监督管理的内容之一。

因此，为解决开采方案与矿山初步设计、安全设施设计之间衔接不足问题，以及开采方案与矿山实际生产建设不一致的问题，划

清各方案、设计之间的边界和责任，需要做出两个方面的改革：一是必须落实开采方案的地位，才能使采矿权申请人重视开采方案的编写，愿意投入更多精力和费用进行深入研究，把开采方案作为矿山开采活动的前置约束和源头管控，成为矿山建设的指导依据，有效避免各方案、设计之间衔接不足问题，改变仅把开采方案作为申请采矿许可证的要件，编完之后就“束之高阁”的观念。二是开采方案的编制内容应按照“突出重点，抓大放小，应简尽简”的宗旨，把握“实用性”，并遵循“能够监管、便于监管、客观有效”的原则，聚焦“管用性”，保障开采活动规范有序。能够监管，指在一定的技术条件下，应该进行监管的内容，比如露天开采是否超出矿区范围问题。便于监管，指监管内容不应过于复杂多变，比如对受地形地质条件和开采技术装备等影响较大的开拓运输系统布置等，在开采方案中就不宜详细论证。客观有效，指监管内容应是直观、客观的，不会出现因监管人员不同或时间不同而得出不同结论的情况，比如开采方式、开采矿种等；监管作用应是严格有效的，切实督促矿业权人合理开发利用矿产资源。

三、开采方案与其他方案、设计的区别与衔接

按照矿产资源管理规定，矿山企业在采矿前，需编制开采方案、矿区生态修复方案、矿山可行性研究报告、环境影响评价报告、矿山初步设计、安全设施设计等多个报告。上述报告的编制内容各有侧重，但有很多内容相互重复，编制深度要求不一，不仅增加了企

业负担，也降低了管理部门的行政效率。

（一）矿区生态修复方案

新《矿产资源法》规定，开采矿产资源前，采矿权人应当编制矿区生态修复方案。采矿权人应当按照经批准的矿区生态修复方案进行矿区生态修复。矿区生态修复方案是采矿权人实施矿山地质环境治理、土地复垦、生态系统功能恢复等生态修复活动的总体部署和基本依据，要与开采方案、矿山开采设计、环境影响评价报告书等相关内容紧密衔接，方案编制涉及的区域范围包括采矿权范围及采矿活动的影响范围。对于扩大开采区域、变更开采方式或开采主矿种，以及采矿权延续时方案超过适用期等情形，应当重新编制矿区生态修复方案。

（二）项目可行性研究报告

矿山项目可行性研究报告是矿床勘探阶段结束后、矿山设计前，在相关调查研究的基础上，从系统总体出发，对技术、经济、财务、商业以及环境保护、安全、法律等多个方面进行的分析和论证，以确定建设项目是否可行，为正确进行投资决策提供依据。矿山项目主要建设方案，应经多方案综合技术经济比较确定。如果采矿权申请人在编制开采方案时已开展可行性研究，则开采方案的编制质量就相对较高。同时，可行性研究报告也是矿山初步设计、环评报告以及项目立项申请的依据。

（三）矿山初步设计

矿山初步设计是在开采方案已确定的前提下，在可行性研究报告的基础上，进一步对矿山设计生产能力、矿山工业场地选址、开拓方式、采矿方法、采选工艺、矿山安全、绿色矿山建设和生态修复等重大技术方案进行论证，对矿山各生产系统和主要辅助生产系统的工艺及布置、设备选型、主要建（构）筑物结构、形式、工业场地布置等进行优化、细化，以及对项目概算投资、经济效益进行分析等。初步设计的目的是指导矿山建设全过程，并合理控制建设投资，指导施工图设计。

（四）安全设施设计

《安全生产法》规定，矿山、金属冶炼建设项目的安全设施设计应当按照国家有关规定报经有关部门审查。2023 年，《中共中央办公厅 国务院办公厅关于进一步加强矿山安全生产工作的意见》规定，矿山企业应当严格按照经审查批准的安全设施设计建设、生产。一般来说，矿山建设项目初步设计是安全设施设计的基础，安全设施设计是在初步设计的基础上对建设项目涉及的安全设施进行专门的认证、概括。初步设计与安全设施设计应原则一致、互为补充，共同指导矿山的建设施工和投产以后的安全生产。

（五）开采方案与其他方案、设计的衔接

开采方案与其他方案、设计的定位、管理出发点和作用不同，编制内容和设计深度有明显差异，审查情形和方式也有区别。开采方案与其他方案、设计的关系在于：一是开采方案的重点在于为科学合理确定开采区域、矿产资源的合理开采和综合利用提供依据，是编制其他方案、设计的基础和总纲。二是可行性研究报告侧重于

从矿山项目整体及各个环节，特别是建设施工、经济技术、安全环保等方面进行切实可行的论证，为投资决策提供依据。三是初步设计、安全设施设计是在地质条件已经清楚，资源储量已经探明，开采方案已审查通过，项目可行性研究报告已审查确认的基础上，对具体的开发利用方式、开采工艺、装备定型、矿山建设等方面进行方案设计，对建设施工、生产运行中的工艺技术起决定性作用。几个方案、设计各有侧重，有一些内容互为融合或前置，需要按照各自定位，共同构建符合矿产资源开发利用规律与逻辑的技术方案体系。

目前，矿山企业以矿山初步设计和安全设施设计为矿山建设的依据，其编写内容的深度和广度、审查要求等明显高于开采方案。此外，为保证开采方案的编制质量，建议明确开采方案应以项目可行性研究报告为编制依据，申请人在编制矿山初步设计和安全设施设计时要做好与开采方案的衔接。

四、开采方案的编制与审查要求

（一）开采方案的编制内容

开采方案的编制内容应于法有据，没有法律依据的内容则不应涉及。开采方案既要体现采矿许可和监管的主要内容，又要指导矿山开采活动，为后续方案、设计编制提供依据。因此，开采方案应当主要围绕“在哪采（开采区域）、采什么（开采矿种）、怎么采（开采方式）、采多少（资源综合开采利用）”的逻辑关系，科学设置编写内容，并根据矿山建设实际，对开采方案编制内容实行分类型、分矿种、分层次管理，核心内容应主要包括以下几个方面。

1）开采区域。目前开发利用方案编制审查的主要内容之一是科学、合理确定矿区范围。新《矿产资源法》删除了关于“矿区范围”的概念，改为“开采区域”。因此，首先应明确开采区域的概念，以及与矿区范围的关系，采矿权登记的区域与采矿许可的区域是否一致等。

2）开采矿种。应根据经评审备案的矿产资源储量报告确定的主矿种和共伴生矿种，综合考虑矿床的规模和品位，矿产资源开发的可行性，采矿技术条件和成本等，确定开采主矿种，并在开采主矿种的同时，对具有工业价值的共生和伴生矿产进行综合开采、合理利用。

3）开采方式。应在坚持保护和合理开发利用原则基础上，根据资源赋存状况、地质条件、生态环境特征等条件，充分考虑水文地质、工程地质、环境地质因素的影响，对矿床的开采方式进行分析研究，论证开采方式的科学合理性。具体的开采顺序、采剥工作、开拓运输方案、井巷工程设计等详细内容在开采方案中无需论述。

4）资源综合利用。对暂时不能综合开采或者必须同时采出但暂时不能综合利用的矿产，应采取有效的保护措施，防止损失破坏。鉴于新《矿产资源法》中删除了2009年修正后的《矿产资源法》中关于“开采矿产资源，必须采取合理的选矿工艺”的相关规定，开采方案中不宜再对选矿内容作出过多要求。

（二）开采方案的批准程序和权限

关于开采方案的审查和批准程序，现行开发利用方案审查工作由具有相应采矿权出让登记权限的自然资源主管部门负责，可委托给具有一定技术力量的单位组织审查，审查完成之后，一般不需要自然资源主管部门再行单独批准。新《矿产资源法》规定，矿业权人应编制开采方案报原矿业权出让部门批准。因此，开采方案在完成审查之后，增加了由原矿业权出让部门批准的程序。从服务矿业权人、减少行政审批事项的角度，开采方案也可不单独批准，而将开采方案的批准和采矿许可证的颁发作为一个事项同时办理。

关于开采方案的审查和批准权限，新《矿产资源法》规定，矿业权人应编制开采方案报原矿业权出让部门批准。因此，与现行开发利用方案一样，开采方案审查工作也应由具有相应采矿权出让登记权限的自然资源主管部门负责。值得注意的是，探矿权出让时，矿种具有一定的不确定性，后期经过地质勘查工作查明的矿种与出让时的矿种可能会不一致，导致采矿权登记权限与探矿权出让登记权限发生调整。因此，开采方案审查和批准权限应与采矿权的登记权限保持一致。此外，对于矿山生产建设过程中开采主矿种变更的，也应以变更后主矿种的采矿权登记权限来确定开采方案的审查批准权限。

（三）开采区域确定的原则

确定开采区域，是一项政策性、技术性很强的工作，与矿业权管理制度、国土空间规划、矿业权设置区划、矿产资源开采禁止限制区域、地质勘查程度、资源储量评审备案情况、资源开发利用方式、共生和伴生资源综合利用、矿业权出让收益制度以及坐标转换等多个方面都有关联。在确定开采区域时，需要全面、系统地综合考虑以上因素，确保开采区域的合规性、科学性和合理性。开采区域确定原则应包含以下方面：

1）依法合规：符合矿产资源总体规划要求，符合矿业权设置区划要求、符合国家产业政策要求，符合生态环境保护与安全生产政策规定。

2）禁限避让：开采区域应符合国家禁止限制开采矿产资源区域管控要求，不涉及生态保护红线、自然保护地等禁限区。如与禁限区重叠，应符合相关管理规定，比如与永久基本农田重叠，应按照是否为战略性矿种，以及开采方式不同采取差异化管理措施。

3）范围明确：包含资源储量估算范围、井巷工程设施分布范围或者露天剥离范围的立体空间区域。对于工业广场、选厂、尾矿库等，不应纳入开采区域范围。

4）界限清晰：探矿权转采矿权，申请的开采区域原则上不得超出探矿权范围。扩大开采区域（仅限于变更开采深度）的，申请的开采区域原则上不得超出原采矿权平面范围。

5）科学布局：对矿产资源开发实行统一规划、合理布局、合理开采和综合利用。根据矿山建设的开拓、运输、安全、环保等建设条件确定，能够满足矿山设计、开发建设要求。主要考虑三个方面因素：一是地表因素。适当考虑地下开采的地表移动线、露天开采的爆破影响线。二是适当定量外推。根据资源储量估算范围、井巷工程设施分布范围的边界线，适当外推，比如 25 米或 50 米。三是便于登记。拐点坐标不宜过多。

6）权益保护：保护已有探矿权、采矿权人利益，确保矿业权无重叠或重叠符合相关要求，无产权纠纷等。

此外，受矿体赋存条件、地形地质条件以及相关矿产资源管理政策限制，井巷工程设施布置或露天剥离境界确需超出探矿权范围的，从合理、充分利用矿产资源，保障国家能源资源安全的角度，结合部分省份的改革探索，对开采区域确定和调整的程序应进一步规范。

（四）开采方案的重大调整情形

新《矿产资源法》规定，开采方案需要作重大调整的，应当按照规定报原矿业权出让部门批准。由于开采方案是颁发采矿许可证的主要依据，因此开采方案的重大调整情形，逻辑上应包含在采矿许可变更情形之中。国务院令第 241 号规定，采矿权变更矿区范围、变更主要开采矿种、变更开采方式、变更矿山企业名称、经依法批准转让采矿权 5 种情形需要向登记管理机关申请变更登记。而变更矿山企业名称、经依法批准转让采矿权 2 种情形与开采方案实施并无直接关联。此外，矿山初步设计等其他方案、设计的重大调整和修编情形有各自规定，差异较大（表 7-1）。

表 7-1　相关方案、设计重新修编的情形

序号	方案/报告名称	文件依据	关于重新修编的情形
1	矿山地质环境保护与土地复垦方案	《国土资源部办公厅关于做好矿山地质环境保护与土地复垦方案编报有关工作的通知》（国土资规〔2016〕21 号）	扩大开采规模、扩大矿区范围、变更开采方式的；办理采矿权延续时，方案超过适用期或方案剩余服务期少于采矿权延续时间
2	安全设施设计	国家矿山安全监察局关于印发《非煤矿山建设项目安全设施重大变更范围》的通知（矿安〔2023〕147 号）	重大变更范围包括开采范围、设计规模、开采顺序；采矿方法；开拓系统；露天采场；通风系统；排水系统；废石场；地表截、排洪系统；尾矿库相关内容等
3	矿山初步设计	《有色金属矿山工程建设项目设计文件编制标准》（GB/T 50951—2013）	矿山建设条件发生改变，需对矿山建设规模、开拓系统及工业场地位置等重大技术方案进行修改调整时

目前，除探矿权转采矿权需要编制开发利用方案之外，扩大矿区范围、变更开采方式及变更开采主矿种，应重新编制开发利用方案。基于管理实践和矿产资源管理相关制度规定，开采方案的重大调整情形应包括扩大开采区域、变更开采方式、变更开采主矿种 3 种情形。

1）扩大开采区域。扩大开采区域的情形主要包括同一矿业权人所属的探矿权与相邻采矿权合并转采矿权或多个相邻采矿权合并整合，已设采矿权上部或者深部扩界，以及周边、零星分散资源及夹缝区域等。扩大开采区域的必要条件是可供开采的矿体范围扩大了，开采区域以及相应的工程布置等也要进行适当调整，所以需要重新编制开采方案。

2）变更开采方式。开采方式包括露天开采、地下开采及露天地下联合开采。当采用露天和地下联合开采时，应确定二者的合理分布界线并阐明其在时间上和空间上的相互关系。露天开采和地下开采是完全不同的两种开采方式，开采方式受矿石种类、地形地质条件、资源储量规模、生态环境要求等多方面影响。因此，开采方式的变更也需要重新编制开采方案。

3）变更开采主矿种。一是绝大部分矿产埋藏于地下，难以直接掌握其数量、质量和位置，由于地质条件多样性和复杂性、矿产隐蔽性和不确定性，开采区域内的主矿种可能和采矿许可证载明的矿种不一致。二是矿产资源可采储量具有动态变化性。矿产资源储量除了因矿山开采逐渐消耗以外，还受开采技术水平和市场价格等多种因素影响，随着开采技术进步、成本降低和矿产品价格上涨，原不计入可采储量的可以计入可采储量，原本不作为开采主矿种的可以转为开采主矿种。三是不同矿种之间开采管理政策有区别，如保护性开采的特定矿种等。因此，开采主矿种如发生变化，即开采主要对象发生变化，应重新编制开采方案。

第三节 构建开采方案管理新机制设想

新《矿产资源法》建立了矿业权的权利登记和行政许可相分

离的管理制度，开采行政许可的内涵相比之前发生很大变化。开采方案不再是申请采矿权登记的要件，而是申请采矿许可的核心要件，是颁发采矿许可证的重要依据。为落实好新《矿产资源法》关于开采方案相关规定，重构开采方案管理制度，建议在《矿产资源法实施条例》以及相关规范性文件的制定中统筹考虑以下内容。

一是明确开采方案的定位和作用。开采方案应紧紧围绕自然资源管理部门职责，聚焦矿产资源合理开采和综合利用，在开采区域设置、开采方式选择、开采矿种确定、资源开发综合利用等方面提供科学合理技术论证，其作用主要是为颁发采矿许可证提供支撑，同时是采矿权人进行开采作业的依据和对采矿权人开采活动进行监管的依据。

二是明确开采方案编制内容及重大调整情形。开采方案编制内容应按照“突出重点，抓大放小，应简尽简”的宗旨，把握“实用性”，并遵循“能够监管、便于监管、客观有效”的原则，聚焦“管用性”，保障开采活动规范有序。编制内容主要包括3个方面：科学、合理确定开采区域；明确开采主矿种并对共生和伴生矿种进行综合开采利用；根据矿体赋存情况和开采技术条件论证开采方式。开采方案的重大调整情形主要包括3种：扩大开采区域、变更开采方式、变更开采主矿种。

三是明确开采区域和矿区范围的区别，以及权利登记范围和行政许可范围的关系。做好原采矿许可证证载矿区范围与新《矿产资源法》实施后采矿权证登记开采区域和采矿许可证许可开采区域的衔接，避免在认识上产生重大分歧。第一种思路是采矿权证登记的开采区域与采矿许可的开采区域一致，是指查明可供开采矿产资源的范围、井巷工程设施分布范围或者露天剥离范围的立体空间区域。第二种思路是采矿权证登记的开采区域，是指查明可供开采矿产资源的范围；而采矿许可证许可开采区域，包括查明可供开采矿产资源的范围、井巷工程设施分布范围或者露天剥离范围的立体空间区域。

四是探索建立开采区域调整制度。矿山实际建设生产时因地形条件、开采技术条件限制，井口装置、井巷工程设施或露天剥离境界确需超出矿业权范围的，且经论证矿业权范围外空间区域不涉及资源量的，基于安全生产，促进资源高效充分利用的考虑，可研究探索在符合一定条件的前提下将矿业权范围外空间区域纳入开采区域，向登记管理机关申请变更登记。

五是做好开采方案与其他方案、设计之间的衔接。矿业权人可自行编制或委托有关机构编制开采方案。为保证开采方案编制质量，建议明确开采方案原则上应以项目可行性研究报告为编制依据。同时要求采矿权人在编制矿山初步设计和安全设施设计时要做好与开采方案的衔接，如矿山初步设计和安全设施设计中矿产资源“三率”指标不得低于开采方案中承诺的“三率”指标等。矿山企业应严格按照经审查批准的安全设施设计建设、生产。矿山安全、环境影响评价、矿区生态修复、水土保持等按照各相应主管部门审批的方案执行。

第八章

油气探采合一

油气作为流体矿产，勘探开发具有连续性，钻井是探矿和采矿的主要手段。有工业油气流发现的探井和评价井常常转为开发井进行生产，油田在采油过程中还会在深部和边部进行勘探，探中采、采中探是其根本特点，油气探矿、采矿界限难以截然分开。为加快勘探开发进度，促进探转采有序衔接，保障资源开发安全，探索在获得油气发现后保持连续可采，新《矿产资源法》充分考虑油气资源特点，建立了油气探采合一管理制度，从法律层面保障油气勘探开发顺利开展。

第一节　油气探采合一制度建立

1986年《矿产资源法》颁布实施后，我国对矿产资源实行探矿权、采矿权两证式管理模式。为保证油气资源探采有序衔接，基于

（本章执笔人：韩亚琴、毛俊莉、王硕、孔宁）

油气资源勘探开发的特点，1998 年国务院颁布实施的《矿产资源勘查区块登记管理办法》建立了油气试采制度，规定探矿权人在勘查石油、天然气等流体矿产期间，需要试采的，应当向登记管理机关提交试采申请，经批准后可以试采 1 年。随着国内逐步加大对深层油气和致密油、页岩油等非常规气藏勘探开发力度，以及政府部门在管理上对油气探转采要求和监管日趋严格，油气试采制度越来越不适应实践需要，难以有效保障油气探矿权采矿权有序衔接，需要进一步推进制度改革创新，深化油气资源勘探开发一体化模式。

为建立与油气资源勘查、开采特点相适应的矿业权管理制度，2019 年 4 月，中共中央办公厅、国务院办公厅印发《关于统筹推进自然资源资产产权制度改革的指导意见》，要求探索研究油气探采合一权利制度。为贯彻落实党中央、国务院关于油气探采合一权利制度决策部署，根据油气不同于非油气矿产勘查开采技术特点，针对多年存在的深层次问题，2019 年 12 月，自然资源部印发了《关于推进矿产资源管理改革若干事项的意见》（自然资规〔2019〕7 号），实行油气探采合一制度，油气探矿权人发现可供开采的油气资源的，在报告有登记权限的自然资源主管部门后即可进行开采；并应当在 5 年内签订采矿权出让合同，依法办理采矿权登记。

2023 年 7 月，在全面总结油气探采合一制度改革探索实践经验基础上，自然资源部对自然资规〔2019〕7 号文进行了修改完善，印发了《自然资源部关于深化矿产资源管理改革若干事项的意见》（自然资规〔2023〕6 号），进一步细化了探矿权人报告探采合一计划、开展探采合一工作、登记采矿权等各环节及未转采的管理要求，即油气矿业权人发现可供开采的油气资源，完成试油（气）作业后决定继续开采的，在30日内向有登记权限的自然资源主管部门提交探采合一计划表后可以进行开采。在勘查开采过程中探明地质储量的区域，应当及时编制矿产资源储量报告，进行评审备案。报告探采合一计划5年内，矿业权人应当签订采矿权出让合同，依法办理采矿权登记。报告探采合一计划超过5年，未转采矿权仍继续开采的，按照违法采矿处理。矿业权人完成试油（气）作业后决定不再继续开采的，以及5年内开采完毕或无法转采并停止开采的，不再办理采矿权登记。

可见，油气探采合一制度并不是将探矿权、采矿权合并为矿业权管理，而是在探矿权转采矿权阶段的过程中，为了保障油气资源作为流体矿产的勘探开发的连续性而设置的油气特别管理制度，实质上它更像是一个“延长了期限的试采制度”。

第二节　油气探采合一制度实施及存在的问题

自2020年5月1日油气探采合一制度实施以来至2024年底，油气矿业权人已报告可供开采油气资源数据1300多条，共涉及9家油气公司、300多个油气探矿权。油气探采合一制度的实施，解决了油气探矿权人在勘探期间一定期限内进行油气开采活动的合法合规性问题，符合油气资源勘查开发的特点，便于矿业权人统筹规划勘查开采、合理安排生产建设。在勘探取得进展之后直接进入生产环节，加快了从勘探到生产的速度，有助于保障油气勘查开发进程的顺畅，保障了矿业权人依法合规开采。

在油气探采合一管理实施中，仍然存在一些规范性、衔接性的问题，如，发现可供开采油气资源报告规定需要细化，用地、用林用草、安全生产等行政许可衔接不顺畅等，需要进一步细化管理规则，完善相关配套政策。

一、可供开采资源报告管理不规范

（一）报告时间节点问题

自然资规〔2019〕7号文仅规定油气探矿权人发现可供开采的油气资源的，应在2周内报告，未明确发现可供开采的油气资源后报告的具体时间节点。自然资规〔2023〕6号文明确油气矿业权人发现可供开采的油气资源，完成试油（气）作业后决定继续开采的，在30日内向有登记权限的自然资源主管部门提交探采合一计划表后可以进行开采。从自然资规〔2019〕7号文实施探采合一制度到自然资规〔2023〕6号文修改完善探采合一制度，石油公司在勘探中发现可供开采的油气资源后，向自然资源部报告的时间节点主要有三种情形：一是按照开采的油气资源进入输油（气）管道时；二是预探井完成后交采油厂时；三是将试采作为时间节点，需要试采的，投入生产后再报告，不需要试采的，投入开采后14天内报告。以上三种情形报告的时间节点相差很大，矿业权人报告时间过早可能会导致5年内无法完成转采，报告时间过晚仍易造成“以探代采”。

（二）报告内容规定问题

自然资规〔2019〕7号文要求油气探矿权人发现可供开采的油气资源后向有登记权限的自然资源主管部门报告的内容主要包括发现可供开采油气资源的区域坐标范围，预测资源量，资源赋存层位，试油、试气情况，下一步工作计划等简要情况。

自然资规〔2023〕6号文明确了油气探矿权人发现可供开采的油气资源要向有登记权限的自然资源主管部门提交油气探采合一计划表，该表格内容包括矿业权信息、报告区域名称，地理位置，坐标范围（2000坐标系），主要矿种，主要赋存层位，试油、试气情况，下一步工作计划，需要说明的其他事项。

上述两个文件都明确了报告开采区块需要填写的内容，但没有明确报告内容填写的规范，在管理中出现诸多问题：一是同一探矿权范围内的多个报告开采区块之间存在重叠；二是报告开采区块拐点坐标、地理位置填写不规范不准确；三是报告开采区块名称存在重复；四是试油、试气情况和下一步工作计划填写繁简不一；五是填报日期、填写人、审核人、填报单位未填写。报告内容填写不规范，系统数据库信息不准确会给报告开采区块到期后的考核处置增加难度。

（三）报告范围规定问题

一是报告开采区块大小不一，自然资规〔2019〕7号文实施后，矿业权人有的以开采范围报告，有的以单井报告。自然资规〔2023〕6号文实施后，矿业权人多以开采范围报告为主。由于油气勘探开发过程中矿业权人习惯于进行整体勘探获得整装储量，5年内转采的规定使矿业权人必须对到期的报备区分别办理采矿权申请。以单井方式报告的，一口井突破以后就进行单个井区的报备，随着勘探的持续推进周边不断有新的发现，又要启动新一轮的报告，不同时间的多次报告给矿业权人增加负担，报告开采井在规定期限内无法同时转采，给管理部门增加管理成本；而以开采区块方式报告的，目前多数报告开采区块面积很大，报告开采区块内部各个井区转采进度不一，导致报告开采区块到期后无法全部转采。

二是有的报告开采区块范围跨同一矿业权人持有的相邻探矿权范围，给报告开采区块管理带来不便，也不利于报告开采区块到期后的考核。

二、与其他行政许可还未有序衔接

油气探采合一制度中，仍然保留勘查许可证、采矿许可证，不再发放油气试采批准书，在发现可供可采资源的报告期间，持有的仍是勘查许可证和发现可供可采资源报告回执。但发现可供可采资源报告回执不是行政审批事项，其适用范围小于原试采批准书及采矿权许可证。

（一）与用地许可的衔接问题

在原管理制度下，油气试采批准书在部分地区可以申请建设用地许可。例如，2016 年发布的《山西省人民政府办公厅关于完善煤层气试采审批管理工作的通知》（晋政办发〔2016〕140 号）规定：“探矿权人在试采期间为集中输送、压缩煤层气而建设的矿区内配套设施，可以持勘查许可证和试采批准书，在省政府批准权限内申请办理建设用地手续，其他勘查用地，按照省政府规定办理临时用地手续”；重庆市在《涪陵页岩气勘探开发示范基地建设项目用地等有关问题专题会议纪要》明确：“使用试采证替代采矿许可证办理永久用地手续”。油气勘查开采临时用地最长 4 年，但油气探采合一制度的期限是 5 年，且探采合一阶段的开始时间按照自然资规〔2023〕6 号文是完成试油气作业的时间，理论上临时用地时间不足以支撑矿业权人顺利完成转采，可能导致违法用地。

（二）与安全生产许可的衔接问题

多年来，应急管理部门一直未针对油气探采合一制度管理修改安全生产许可的管理规定，《非煤矿山企业安全生产许可证实施办法》（国家安全生产监督管理总局令第 20 号）规定非煤矿矿山企业必须取得安全生产许可证，未取得安全生产许可证的，不得从事生产活动，办理安全生产许可证的要件之一是采矿权许可证。安全生产许可证管理的主体要求是油气采矿权人，采矿权许可证仍然是企业从事油气资源开采的必要条件，没有采矿权许可证就无法取得安全生产许可证，从而无法开展生产活动，特别是新进入油气勘查开采市场的企业在勘探阶段发现可供开采的油气资源，由于尚未取得过采矿权许可证，因此无法开展探采合一工作，即便当地管理部门允许其可以开展探采合一工作，企业也面临违法风险。

三、届期满无法转采及违法处置规则细化不够

（一）报告开采区块的退出制度问题

自然资规〔2019〕7号文和自然资规〔2023〕6号文中没有明确的报告开采区块的退出制度。油气探矿权人报告开采区块后，5年内不开采的，无需向管理部门撤回报告，该报告开采区域到期后是否仍然在开采，管理部门无从掌握；或该报告开采区块5年到期停止开采后，经过多长时间能在该开采区域再次报告；又如同一个报告区块范围如果比较大，有的区域可以取得探明储量，有的区域没有潜力，如不明确退出机制，不利于政府部门有序管理探采合一制度，因此建议建立报告区块撤回的制度，即不继续开采了要向有登记权限的自然资源主管部门撤回探采合一的开采报告。

（二）因生态保护等原因无法转采的规定问题

根据自然资发〔2022〕142号文，允许生态保护红线内自然保护区核心区外的区域已依法设立的油气探矿权开展勘查活动，但没有明确勘查活动包括哪些内容，部分省级自然资源主管部门暂停批准生态保护红线内的油气勘查活动，生态环境部门也不予批准生态保护红线内的环境影响评价。导致矿业权人部分探矿权内开展油气勘查开采活动受限，无法顺利转采。但现有规定没有明确因生态环境保护及其他国家政策等原因导致矿业权人无法按期转采时，报告

开采区块到期后应如何处置。

（三）复杂类型油气藏等特殊情形无法转采的问题

现有政策规定，报告开采区块5年后仍未转为采矿权的按违法采矿处理。此规定对于特殊情况未充分考虑，由于地下地质条件具有复杂性，根据油气勘探工作进展，矿业权人对油气藏的认识会不断深化，受资源开发利用的经济性及探转采政策要求等因素影响，客观存在个别报告区块在经过一段时间试采、评价后不具备探转采条件，如随着地质评价工作的深入，对油气藏特征的认识发生了改变；还有个别单井可以维持较低的产量持续生产，但不具备报储量的条件，无法办理采矿权；特别是对于新疆地区的深层-超深层油气项目，以及大型规模的海上项目，勘探难度大，钻井周期长，无法在5年内完成转采。对于低产井和地质条件比较复杂的油气藏、深层-超深层油气藏，应当分类处置，如因矿业权人未取得采矿权证/采矿许可证，就要求矿业权人将可以生产的井关井，不符合油气勘探开采规律，也不利于保护矿业权人权益。

第三节　国外油气勘探开发一体化管理

油气作为流体矿产，勘探开发具有连续性，发达国家采用油气探采一体化合同管理模式也较为普遍，最为典型的是美国的油气租约和加拿大、墨西哥的油气勘探开发一体化合同。

一、美国的油气租约

美国是典型的油气勘查开采一体化管理国家。油气租约覆盖了普查、勘探和开采全过程，即无论从事全部三项活动或者三项活动的一部分，都可以通过油气租约来取得矿业权。美国陆上油气全生命周期所涉及证照主要为油气租约、（单井或多井）钻探许可。陆上租约一般为10年，采用探采一体化管理，矿业权人取得钻井许可（APD）和环境影响评价报告等前置手续可以边探边采，钻井许可批准为两年，可以延期两年或直到租约结束。根据油气租约，到期在区块内如果没有生产井，首期到期之时租约即告终止；如果存在油气“生产”，允许租约延期。由此可见，只要有油气“生产”，矿业权人就可以在其具有经济可行性的时间范围内保有一个油气生产的租约。

二、油气勘探开发一体化合同

加拿大阿尔伯塔省和墨西哥矿业权管理均采用一体化合同管理方式，矿业权人与油气资源管理部门签订一体化合同，其钻井、管道、地面工程、注水、注气等作业均需要获得主管机构的批准后方可实施，也设置相应的监管部门，如果油井富有生产性或部长认为油井具有生产潜力，则可以准予延续租约全部或部分地区。墨西哥出让合同规定了在评估期届满后90日内，矿业权人应当通知国家碳氢化合物委员会（CNH）按照评估活动确定是否获得商业性发现，如果有商业性发现，矿业权人还需要向CNH提交一份商业性发现的开发计划，CNH可以对该开发计划进行审查和提出观察报告，要求矿业权人作出相应的调整和修改，矿业权人根据开发计划进行开发活动。

三、中外油气探采一体化管理模式对比

北美国家油气勘查开采一体化合同与美国的油气租约管理思路基本一致，油气勘查开采不分探矿权和采矿权，实行探采一体化管理，首次勘查年限一般为2~5年（表8-1）。以合同确定矿业权人的财产权益，约定双方义务，具体勘查开采施工需要经过其他管理部门的许可，油气生产井作为租约或合同的延续条件之一，一方面是对矿业权人财产权益的保护，另一方面也有益于促进矿业权人加快勘查开采的进度。与我国相比，北美国家矿业权区块小、资源禀赋好、石油公司主体多、一体化合同管理模式更加灵活和成熟，没有再设置探矿权证和采矿权证，同时，勘探开发许可与矿业权的财产权益截然分开，一体化合同或租约管理较为妥当。

与北美国家相比，我国油气探矿权区块面积大，资源禀赋较差，石油公司主体少，短期来看，探矿权、采矿权分开管理，同时设置油气探采合一管理制度更为适宜。按照新《矿产资源法》，我国主要的油气矿业权管理形式为“两权两证+合同管理”，在探矿和采矿阶段分别颁发探矿权证和采矿权证，通过探矿权证和采矿权证的物权属性可以维护好矿业权人的财产权益，同时在矿业权人开展勘查开采活动时颁发勘查许可证和采矿许可证，与矿业权人签订出让合同。

同时从法律层面上肯定了油气探矿权人在勘查阶段发现可供开采的油气资源后可以开采的权利。同时规定了油气探矿权人需要通过开采报告的形式开展开采活动，并在规定时间内办理采矿权证和采矿许可证。

表 8-1 中外油气探采一体化管理模式对比表

项目	中国	美国	加拿大 阿尔伯塔省	墨西哥
矿业权 管理形式	许可证+ 合同	租约	合同	合同
首次年限	5 年	5 年	2~5 年	4 年 （产品分成合同）
一体化 模式	探矿权+ 采矿权+ 开采报告	油气租约、（单井或多井）钻探许可	合同管理	合同管理
许可证/ 租约发放 部门	自然资源部	联邦陆上：联邦土地管理局 联邦海上：海洋能源管理局 私人土地：签订合同州政府：州政府管理	阿尔伯塔省 能源部	国家油气委员会
开采是否 报告	是	否	钻井、管道、地面工程、注水、注气等作业均需要获得主管机构的批准后方可实施	需向政府监管部门报告合同执行情况；分配受让方应向国家油气委员会递交其勘探或开采计划以获得批准

续表

项目	中国	美国	加拿大 阿尔伯塔省	墨西哥
是否公示开采信息	是	是	—	—
监管部门	勘查开采：自然资源部 管道、销售：发展和改革委员会	联邦陆上：联邦土地管理局 联邦海上：安全与环境执法局 州政府：州政府管理	阿尔伯塔省能源监管机构	国家油气委员会

第四节　新矿法下油气探采合一制度的考虑

新《矿产资源法》在油气探采合一制度的管理架构和管理内容方面有重大变化。一是新《矿产资源法》实行矿业权物权登记与矿产资源勘查开采行为许可相分离的制度，油气矿业权的管理架构、管理思路发生了重大变化，探采合一制度也由过去的勘查许可证、采矿许可证“两证”管理框架变为探矿权、采矿权和勘查许可证、采矿许可证“两权两证”管理架构，需要做好油气探采合一制度与“两权两证”管理制度衔接；二是新《矿产资源法》规定了勘查方案需要作重大调整的，应当按照规定报原矿业权出让部门批准，油气探采合一制度需要做好与勘查方案管理制度衔接；三是新《矿产资源法》规定了开采方案要报原矿业权出让部门批准，矿区生态修复方案随开采方案报原矿业权出让部门批准，这些都会在一定程度上延长探转采的期限，油气探采合一制度需要做好与开采方案、矿区生态修复方案管理制度衔接；四是新《矿产资源法》明确了自然资源主管部门和其他有关部门应当按照职责分工加强对矿产资源勘查等活动的监督检查，油气探采合一制度需要做好与安全生产、环境保护等监督检查管理衔接；五是应当做好新《矿产资源法》管理框架下与用地用林用草用海许可的衔接。

一、与“权证分离”管理的衔接

新《矿产资源法》规定了我国矿产资源实行“两权两证”管理制度，明确了矿业权人勘查开采矿产资源需要取得勘查许可证和采矿许可证，未取得许可证的，不得进行勘查、开采作业。在新的“两权两证”管理制度下探矿权期限为5年，勘查许可证期限理论上应当小于或等于5年，如探矿权人报告开采后，报告开采的期限会超过原探矿权有效期限或勘查许可证有效期限，但此时，已报告的油气开采区块不能停止生产甚至需要继续开展新的开采作业。

因此，需要明确报告开采区块的探矿权证和勘查许可证到期及油气采矿权人在持有的采矿权标高以深的层位发现可供开采的油气资源，油气采矿权或采矿许可到期后，矿业权人如果在矿业权或勘查/开采许可证有效期内提交续期申请，油气报告开采区块仍然可以继续开采。

二、与勘查方案管理的衔接

考虑油气探矿权面积较大，每个探矿权中可能存在多个进度不一的报告开采区块，如果报告区块比较小，每个探矿权区块报告开采后都重新调整勘查实施方案重新审查，不仅给申请人增加负担，也给管理部门增加工作量。且油气矿业权人开展开采活动必然导致勘查投资等发生重大变化，也会上报探明储量。基于上述原因，建议报告开采的情形不列为勘查方案重大调整情形。

同时，考虑到油气矿业权人报告开采区块实际是从勘查活动转变为油气开采活动的一个节点，后续仍需要办理开采活动的相关前置手续，管理部门有必要掌握一定的信息。基于减轻矿业权人负担和管理部门加强管理的角度，建议规定矿业权人报告发现可供开采油气资源后，应当向矿业权出让部门提交调整后的勘查方案，勘查方案作为矿业权监管的依据，相关信息列入矿业权人勘查开采信息公示中。

三、适当延长探转采期限

新《矿产资源法》规定在自然资源主管部门规定的期限内，油气探矿权人应当依法向矿业权出让部门申请转为采矿权，办理采矿许可证。“权证分离”管理制度下，探矿权人在获得勘查许可证后可以开展施工，取得油气发现以后，向自然资源主管部门报告，经过试采阶段，获得经政府部门认定的探明储量备案文件，办理油气采矿权。取得油气采矿权后，编制开采方案、矿区生态修复方案并通过评审，向自然资源主管部门提交采矿权申请获得采矿许可证。从申请采矿权一直到获得采矿许可全过程需要较长时间。结合自然资规〔2019〕7号文实施探采合一制度以来的报告油气开采区块的转采进度情况，按照新《矿产资源法》实施后可能带来的油气转采期限的加长，如将违法开采界定为矿业权人报告开采后5年内未取得采矿权证和采矿许可证，很有可能造成探矿权人无法按期转采，则大部分矿业权人都面临违法。因此建议将从报告油气探采合一区块到取得采矿权和采矿许可证的期限适当延长。

四、勘查开采一体化作业的监管

建议提高政府监管效能，扩大社会监督，及时与应急管理、环境保护及地方自然资源管理部门共享信息，便于有关部门和地方政府加强监管和服务。建立部省联动监管体制和信息公示机制，运用卫片等科技手段，开展矿业权人法定义务及出让合同履行情况、资源开发利用情况的监管，维护勘探开发秩序。在矿业权人勘查开采情况、国家所有者权益等关键环节上进行实质性监管。将勘查方案相关信息纳入矿业权人勘查开采信息公示系统中，同时要求申请人将勘查方案提交地方自然资源管理部门备案。

五、与安全生产、临时用地等行政许可的衔接

按照新《矿产资源法》的规定，油气矿业权人报告开采需要获

得探明储量以后才能办理采矿权，编制开采方案需要经过审查才能取得采矿许可证，可能会延长矿业权人办理采矿许可证的期限，但同时，开采方案的可靠性增强，因此建议报告可供开采的油气区块开采方案通过审查以后，可以作为办理安全生产设施设计审查和永久用地的依据。

第五节　油气探采合一制度管理体系设计建议

油气探采合一制度管理的实质是探矿权人在油气勘查过程中发现可供开采的油气资源，向相关部门报告后，可以开展评价性、测试性的开采工作，进一步落实油气探明储量及开发利用可行性的制度规定。基于前述油气探采合一制度在执行过程中存在的问题，建议规范发现可供开采油气资源的报告管理。同时，根据新《矿产资源法》对油气探采合一制度的基本规定和矿业权、用地等其他规定，建议从加强勘查方案及作业监管、明确转采违法处置、做好矿业权出让登记相关许可的衔接，以及鼓励探矿权人加快勘查开采进度等方面做好油气探采合一制度管理体系设计。

一、基本框架

油气探采合一管理主要包括发现资源报告、过程管理和转采（退出）三个阶段（图 8-1）。

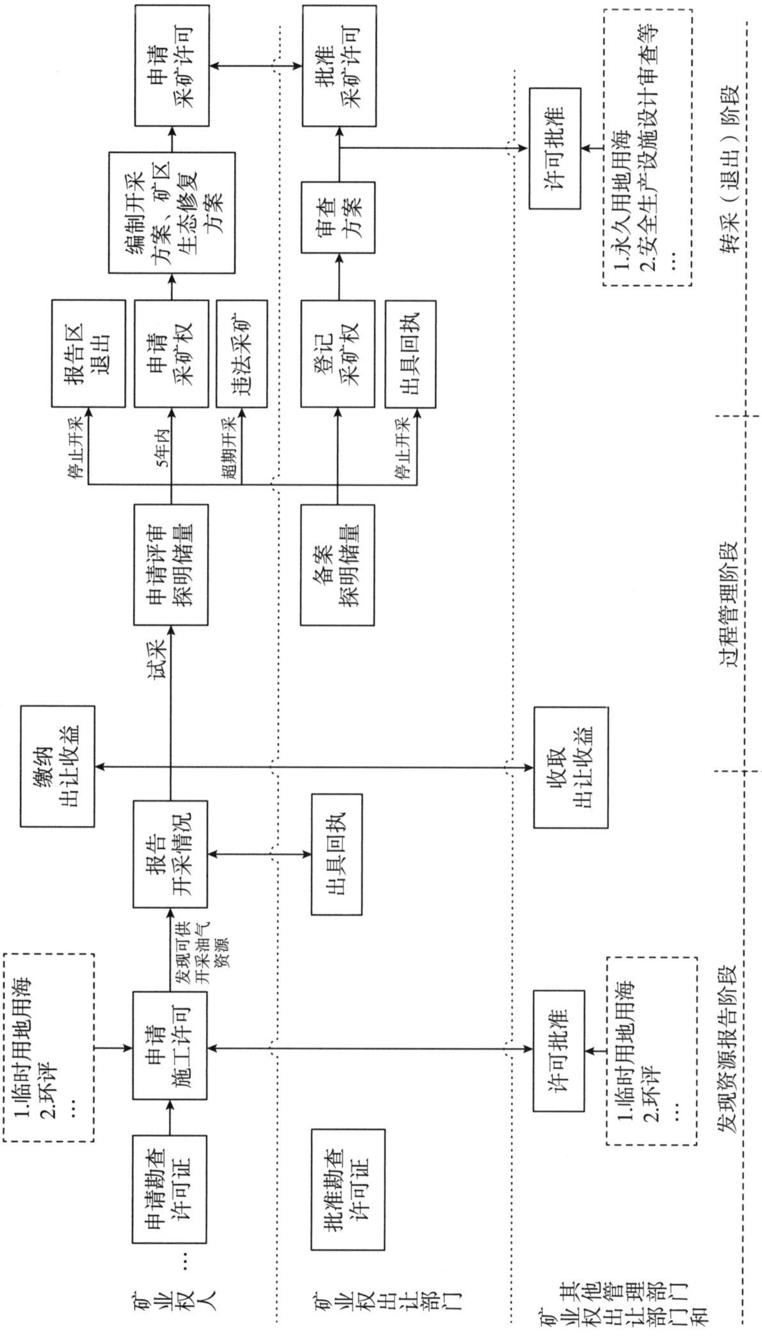

图 8-1 油气探采一体化管理流程图

（一）发现资源报告阶段

油气探采合一报告人是所在区块的探矿权人，报告接收人是油气出让登记管理机构，报告内容是发现可供可采油气资源基本情况，报告的法律意义是探矿权人报告后拥有开采的权利。

首次报告的油气探矿权人应当取得勘查许可证或采矿权证，获得临时用地等相关许可后开展油气勘查工作，发现可供开采的油气资源后向矿业权出让部门报告。

（二）过程管理阶段

在勘查区块进行油气资源开采，应该及时调整油气勘查方案，且应当按照规定报原矿业权出让部门备案。有油气产品产出后，应及时报告销售情况，按要求缴纳出让收益及资源税等相关税费。油气开采活动涉及环境保护、安全生产、临时用地等，应及时办理相关行政许可。

探矿权人查明可供开采的矿产资源后，应当按照规定编制矿产资源储量报告并报送自然资源主管部门，在规定的期限内取得采矿权、采矿许可证。获得探明储量的同时编制开采方案，开采方案获得批准后，申请永久用地、安全生产设施设计审查，及时编制矿山生态修复方案。

（三）转采或退出阶段

油气矿业权人应在探采合一制度规定的期限内，完成探明储量评估、油气开采方案编制及矿区生态修复方案编制、环境影响评价报告编制等事项，办理探矿权转采矿权手续。

油气矿业权人在探采合一制度规定的期限内，完成试油气作业后决定不再继续开采的，以及开采完毕或无法转采并停止开采的，申请撤回探采合一报告开采区块。

因不可抗力等原因无法按期转采的，应及时向相关管理机构报告，违反相关条款的，依法给予处理。

二、权利和义务

油气探采合一管理主要涉及探矿权人和矿产资源管理机关。

（一）探矿权人

从探矿权人权利方面，主要包括四方面：一是矿业权人在规定的期限内，报告发现可供开采资源后，拥有开采油气资源、销售矿产品的权利；二是矿业权人在有效期内向矿业权出让部门提交矿业权、许可证续期申请期间，报告开采区块在规定期限内可以持续生产及可以开展开采作业报告；三是开采的油气区块开采方案通过审查以后，报告可以作为办理安全生产设施设计审查和永久用地的依据；四是油气探采合一回执可以作为办理临时用地用海和环境影响评价的依据。

相应地，探矿权人应当主要履行五方面的义务：一是及时调整勘查方案，对报告开采区块进行合理的工作部署；二是应按照探矿权出让合同约定及时开展勘查工作，并每年向自然资源主管部门报告有关情况；三是探明可供开采的矿产资源，按照规定编制矿产资源储量报告并报送自然资源主管部门；四是及时申请采矿权、采矿许可证；五是依法缴纳资源税、出让收益等。

（二）矿产资源管理机构

对矿产资源管理机构来说，主要包括三方面的权利：一是对已经报告开采的区块涉及的探矿权按照矿业权出让收益率收取矿业权出让收益；二是可以对已经报告开采的区块涉及的探矿权相关信息在矿业权人勘查开采信息公示系统中公示相关信息；三是对未按规定期限取得采矿权、采矿许可证的探矿权进行处置。

相应地，矿产资源管理机构也应履行三个主要方面的义务，一是对矿业权人已经报告开采的区块及时出具报告回执；二是对矿业权人已经报告开采的区块及时办理用地用海用林用草等手续；三是对符合转采条件的报告开采区块，在规定的期限内为油气矿业权人审查开采方案、矿区生态修复方案、办理采矿权和采矿许可证。

三、管理内容

油气探采合一管理主要包括两方面内容。

（一）发现可供开采资源报告

1. 报告相对人

油气探采合一报告人是该区块的矿业权人；报告接收人是油气矿业权出让管理部门。

2. 报告内容

报告内容主要是油气探采合一计划表（表 8-2），包括探矿权信息、勘查许可证信息、报告区域名称，地理位置，坐标范围，主要矿种，主要赋存层位，试油、试气情况，下一步工作计划等相关信息，并需要填写填报日期、填表人、审核人、填报单位。

表 8-2　油气探采合一计划表

编号：　　　　　　　　　　　　　　　　　　　　　填报日期：

<table>
<tr><td rowspan="4">探矿权/勘查许可证信息</td><td colspan="2">探矿权人</td><td></td></tr>
<tr><td colspan="2">探矿权证号</td><td></td></tr>
<tr><td colspan="2">探矿权名称</td><td></td></tr>
<tr><td colspan="2">勘查许可证号</td><td></td></tr>
<tr><td>报告区域名称</td><td colspan="2">勘查单位</td><td></td></tr>
<tr><td>地理位置</td><td colspan="3"></td></tr>
<tr><td>坐标范围（2000 坐标系）</td><td colspan="3"></td></tr>
<tr><td>主要矿种</td><td colspan="3"></td></tr>
<tr><td>主要赋存层位</td><td colspan="3"></td></tr>
<tr><td>试油、试气情况</td><td colspan="3"></td></tr>
<tr><td>下一步工作计划</td><td colspan="3"></td></tr>
<tr><td>需要说明的其他事项</td><td colspan="3"></td></tr>
<tr><td>填表人</td><td></td><td>审核人</td><td></td></tr>
<tr><td>填报单位</td><td colspan="3"></td></tr>
</table>

其中探矿权信息必须为探矿权人持有的最新的有效探矿权证范围，区块坐标必须为国家 2000 大地坐标系，陆上探矿权地理位置填

写到村镇，海域探矿权信息必须填写与最近的陆地的具体对应方位，矿种必须填写开采矿种的类型，资源赋存层位要填写所有开采矿种的资源赋存层位，试油、试气和下一步工作计划需要能够准确反映开采区块的实际情况，填报日期、填表人、审核人、填报单位为必填项。

3. 报告时间

油气矿业权人发现可供开采的油气资源，完成试油气作业后决定继续开采的，在30日内向有登记权限的自然资源主管部门提交探采合一计划表后可以进行开采。

4. 报告区块规范

考虑矿业权人开展油气勘查开采工作的现实情况及储量计算单元的特点，建议明确报告范围最小可以以单井或一个计算单元作为报告区，最大报告开采的区块不超过20平方千米。既能够保障零散开采井的合法开采，又能保障矿业权人整装勘查和整体部署，同时限制最大面积20平方千米可避免矿业权人上报范围过大导致后期管理难度增加。同时，报告开采区块不得相互重叠，不得跨探矿权。

5. 报告回执

油气探采合一回执可以作为办理临时用地用海和环境影响评价报告的依据，不能作为办理安全生产设施设计审查的依据。

6. 报告区块退出机制

5年开采完毕的，或经评价证实无法转采并停止开采的，油气探矿权人应当向原矿业权出让部门撤回已报告开采的区块，撤回区块 2 年内不得再次报告。

对于低产且无法获得探明储量的报告开采区块、复杂类型油气藏等，经原矿业权出让部门论证后发放 3 年期采矿权证；因生态环境保护及其他国家政策等不可抗力导致探矿权人无法按期转采时，探矿权人提供相应证明，已报告的开采区块转采期限顺延。

（二）油气勘查方案管理

油气勘查方案主要内容为概况、勘查范围地质情况、勘查部署、探采一体化工作部署和保障措施。其中探采一体化工作部署部分主要包括以下内容：

发现可供开采油气资源报告情况。分区块描述发现可供开采的油气资源报告情况，包括区块名称、区块位置、矿种、主要赋存层位、报告回执时间。重点说明主要油气发现井试油、试气情况等。

2）已报告区块油气开采情况。描述已报告区块的油气开采情况，填写开采情况表（表 8–3）。

表 8–3 已报告区块油气开采情况表

报告区块名称	当前开采状态	产能分布层系	采油/气井总数（口）	日产量（吨/万立方米）	累计产量（万吨/亿立方米）	探明地质储量（万吨/亿立方米）

填写说明：对于未实际开采或已关停的报告区块，可选填产量、储量数据。地质储量未达到探明区块，无需填写探明地质储量列数据。

3）探采一体化工作计划。分区块描述探采一体化工作部署、提交探明地质储量计划，简要描述开采工作部署、开采方案编制、采矿权登记办理工作安排等。

4）共伴生资源综合利用。描述共伴生资源类型、特征、资源储量、利用措施等。

第九章

禁限区勘查开采

新《矿产资源法》在立法目的中强调了矿产资源安全保障的重要性，同时要求加强生态环境保护，坚持开发利用和保护并重，这是重大的管理理念转变，既不是单一追求资源开发效率，也不是为保护环境而"一刀切"禁止开发，而是协调好矿产资源开发和环境保护的关系，走绿色发展之路。禁限区矿产资源勘查开采差别化管理是贯彻落实新《矿产资源法》关于协调开发和保护关系的重要内容之一。本章通过回顾禁限区法律法规历史沿革，梳理现行管理制度规定，分析差别化管理需要关注的问题，提出完善差别化管理的意见建议。

第一节　禁限区勘查开采管理制度历史沿革

随着经济社会发展变化，在不同历史时期，禁限区勘查开采管理理念和内容不同，大致分为三个阶段。

（本章执笔人：司芗、许书平、韩亚琴、郭丽娜、李品德）

一、改革开放后加快发展经济，相继出台禁限区勘查开采禁限区管理规定（1978—2012年）

党的十一届三中全会胜利召开后，确立了以经济建设为中心，实行改革开放的政策，我国经济建设高速增长。随着经济发展、人民生活水平不断提高，我国越来越重视环境保护工作，要求矿产资源在保护中开发、在开发中保护，矿业走可持续、生态良好的文明发展道路，先后出台了一些法律法规对矿产资源勘查开采活动作出禁止或限制的规定。

（一）《矿产资源法》明确禁止矿产资源开采区域

1986年颁布的《矿产资源法》，规定禁止矿产资源开采区域，《矿产资源法》规定除国务院授权的有关主管部门同意外，不得进行矿产资源开采活动。可以归纳为三种类型，第一种是港口、机场、国防工程设施、重要工业区、大型水利工程设施及城镇市政工程设施等重大工程或建设项目等一定范围内；第二种是铁路、重要公路、重要河流、堤坝等具有线性特征的重要工程及自然物两侧一定范围内；第三种是国家划定的自然保护区、重要风景区、国家重点保护的不能移动的历史文物和名胜古迹所在地等区域。

（二）环境保护法律法规实行矿产资源勘查开采禁止性规定

1989年颁布《环境保护法》，规定环境保护的保护对象“环境”，包括大气、水、海洋、土地、矿藏、森林、草原、野生动物、自然遗迹、人文遗迹、自然保护区、风景名胜区、城市和乡村等。2014 年修订的《环境保护法》，补充加入“湿地”类型。为了保护环境而禁止限制矿产资源勘查开采活动多与这些类型区域有关。

1994 年颁布《自然保护区条例》，规定禁止在自然保护区内进行开矿活动，法律、行政法规另有规定的除外。1998 年修正《森林法》，规定进行勘查、开采矿藏应当不占或者少占林地，必须占用的，依法办理建设用地审批手续。1998 年修订《土地管理法》，规定禁止擅自在耕地上采矿。2002 年修订《草原法》，规定进行矿藏开采，应当不占或者少占草原，确需使用的，依法办理建设用地审批手续。2006 年颁布《风景名胜区条例》，规定在风景名胜区内禁止开矿活动。2008 年修订《水污染防治法》，建立饮用水水源保护区制度，按照保护等级，明确禁止与供水设施和保护水源无关的、排放污染物的或对水体污染严重的建设项目。

二、加快推进生态文明建设，严格勘查开采禁限区管理要求（2012—2022 年）

党的十八大以来，党中央高度重视生态文明建设，将生态文明建设上升为国家战略，作为统筹推进“五位一体”总体布局和协调推进“四个全面”战略布局的重要内容。2015 年，党中央、国务院印发《生态文明体制改革总体方案》，为加快推进生态文明建设，做出了一系列重大决策部署，要求走绿色、低碳发展之路。

（一）严肃查处祁连山系列生态环境破坏案件

2017 年，中办、国办就甘肃祁连山国家级自然保护区生态环境问题发出通报，党中央、国务院有关部门组成中央督查组开展专项督查，通过调查核实，甘肃祁连山国家级自然保护区在多个方面存在突出的生态环境破坏问题，其中违规开发矿产资源是重要方面，祁连山保护区共设置144宗探矿权、采矿权，其中有14宗是在2014年10月国务院明确保护区划界后违法违规审批延续的。通报对问题产生的原因进行了深刻剖析，相关责任单位和责任人受到严肃问责。通报指出，甘肃祁连山国家级自然保护区生态环境问题具有典型性，教训十分深刻。各地区各部门要切实引以为鉴、举一反三，自觉把思想和行动统一到党中央决策部署上来，坚决把生态文明建设摆在全局工作的突出地位抓紧抓实抓好。

（二）严格管控禁限区设立矿业权

为深入贯彻落实党中央、国务院关于加快推进生态文明建设的决策部署，2017年7月，国土资源部印发《自然保护区内矿业权清理工作方案》，要求以国家级自然保护区为重点，对行政区域内各类保护区禁止矿产资源勘查开采范围的矿业权进行全面调查摸底、分类梳理、系统分析，实现保护区内矿业权稳妥有序退出。2017年12月，印发《国土资源部关于进一步规范矿产资源勘查审批登记管理的通知》（国土资规〔2017〕14号）《国土资源部关于进一步规范矿业权申请资料的通知》（国土资规〔2017〕15号）《国土资源部关于完善矿产资源开采审批登记管理有关事项的通知》（国土资规〔2017〕16号）等规范性文件，要求设立矿业权必须符合生态环境保护政策要求。

2019年6月，中共中央办公厅、国务院办公厅印发《关于建立以国家公园为主体的自然保护地体系的指导意见》，要求解决自然保护地重叠设置、多头管理、边界不清、权责不明、保护与发展矛盾突出等问题，建立以国家公园为主体的自然保护地体系。2019年11月，中共中央办公厅、国务院办公厅印发《关于在国土空间规划中统筹划定落实三条控制线的指导意见》，要求划定落实生态保护红线、永久基本农田、城镇开发边界三条控制线，协调边界矛盾，做到三条控制线不交叉不重叠不冲突。

三、坚持开发与保护并重，加强勘查开采分区域管控（2022年至今）

2022年，党的二十大报告明确将确保能源资源安全作为维护国家安全能力的重要内容，对能源资源安全保障提出新要求。为处理好高质量发展和高水平保护之间的关系，党中央、国务院要求加强生态环境分区管控，科学指导各类开发保护建设活动，推动高质量发展，促进人与自然和谐共生。

（一）提出能源资源安全保障新要求

2022年，习近平总书记在给山东省地矿局第六地质大队全体地质工作者的回信中提出“矿产资源是经济社会发展的重要物质基础，矿产资源勘查开发事关国计民生和国家安全”，明确指出了矿产资源及其勘查开发的重要地位和作用。党的二十大报告提出“加强重点领域安全能力建设，确保粮食、能源资源、重要产业链供应链安全”，将确保能源资源安全与粮食安全并列作为维护国家安全能力的重要内容。

（二）生态保护红线内勘查开采实行差别化管理

2022年，自然资源部、生态环境部、国家林业和草原局印发《关于加强生态保护红线管理的通知（试行）》（自然资发〔2022〕142号），生态保护红线内自然保护地核心保护区外，分矿种分区域实行矿产资源勘查开采差别化管控政策。

2023年4月，自然资源部宣布全国生态保护红线划定工作全面完成。全国生态保护红线不低于315万平方千米，其中陆域生态保护红线不低于300万平方千米，海洋生态保护红线不低于15万平方千米。生态保护红线覆盖了绝大多数草原、重要湿地、珊瑚礁、红树林、海草床等重要生态系统，以及绝大多数未开发利用无居民海岛。

2024年10月，国家林草局发布《关于全国自然保护地整合优化调整情况的公示》，整合优化后，全国共有自然保护地6736处，总面积18523.61万公顷。其中，国家公园5处，原国家公园试点区5处，自然保护区1527处，此外还有各种风景名胜区、海洋公园、森林公园、沙漠（石漠）公园、地质公园、湿地公园等保护地形式。整合优化依据规则从现有自然保护地范围内调出部分耕地及永久基本农田、矿业权、人工商品林、城镇村、开发区、项目及其他各类空间矛盾冲突面积共计1404.03万公顷。

（三）要求处理好高质量发展和高水平保护的关系

2023年7月，习近平总书记在全国生态环境保护大会上指出，继续推进生态文明建设，正确处理几个重大关系，其中第一个关系就是高质量发展和高水平保护的关系，要站在人与自然和谐共生的高度谋划发展，通过高水平保护，不断塑造发展的新动能、新优势，着力构建绿色低碳循环经济体系，有效降低发展的资源环境代价，持续增强发展的潜力和后劲。

1. 党中央、国务院要求加强生态环境分区管控

2024 年 3 月，中共中央办公厅、国务院办公厅印发《关于加强生态环境分区管控的意见》，要求全面推进生态环境分区管控，以生态环境管控单元为基础，以生态环境准入清单为手段，以信息平台为支撑的生态环境分区管控方案，科学指导各类开发保护建设活动，对于推动高质量发展，建设人与自然和谐共生的现代化具有重要意义。关于生态环境管控单元划定，要求以生态保护红线为基础，把该保护的区域划出来，确定生态环境优先保护单元，把发展同保护矛盾突出的区域识别出来，确定生态环境重点管控单元，生态环境优先保护单元和生态环境重点管控单元以外的其他区域实施一般管控。

2. 新《矿产资源法》要求坚持开发与保护并重原则

新《矿产资源法》，第一条立法目的增加“保障国家矿产资源安全”“加强生态环境保护”内容，强调了矿产资源安全保障和生态环境保护的重要性，第三条提出“坚持开发利用与保护并重”“遵循绿色发展原则”，坚持开发与保护并重是重大管理理念调整，既不是单方面强调矿产资源开发的必须性，也不是突出环境保护的

重要性，而是坚持在发展中保护，在保护中发展，统筹矿产资源开发利用和生态环境保护的关系，将绿色发展理念贯穿矿产资源开发利用全过程和各方面，寻求经济发展和资源环境保护的最优平衡，实现高质量发展与高水平保护良性互动。

第二节　现行禁限区勘查开采差别化管理

生态保护红线、自然保护地、永久基本农田、林地、草原、饮用水水源保护区等禁限区实行矿产资源勘查开采差别化管理，允许一定的勘查开采活动；自然保护区、风景名胜区、湿地、沙化土地封禁保护区、不可移动文物保护范围等实行矿产资源勘查开采禁止或限制性规定。下面分别梳理禁限区允许、禁止或限制矿产资源勘查、开采活动的管理规定。

一、允许有限勘查活动的规定

（一）永久基本农田

《自然资源部 农业农村部关于加强和改进永久基本农田保护工作的通知》（自然资规〔2019〕1 号），对于战略性矿产，允许新设探矿权，要求依法办理临时用地手续；对于非战略性矿产，要求申请新设探矿权，应避让永久基本农田，其中地热、矿泉水勘查，不造成永久基本农田损毁、塌陷破坏的，允许申请新设探矿权。

（二）生态保护红线、自然保护地

《自然资源部 生态环境部 国家林业和草原局关于加强生态保护红线管理的通知（试行）》（自然资发〔2022〕142号）规定，生态保护红线内自然保护地核心保护区外，允许有限勘查活动，包括基础地质调查和战略性矿产资源远景调查等公益性工作，铀矿勘查活动，已依法设立的油气探矿权的勘查活动，已依法设立和新立铬、铜、镍、锂、钴、锆、钾盐、（中）重稀土矿等战略性矿产探矿权开展勘查活动。但是，自然保护区、风景名胜区、饮用水水源保护区等区域，依照法律法规执行勘查活动。

（三）林地

《建设项目使用林地审核审批管理办法》（国家林业局第35号令）第四条规定，勘查项目可以使用Ⅱ级及其以下保护林地，不得使用一级国家级公益林地。使用其他类型林地，没有明确规定的，应按照《森林法》，遵守勘查矿藏应当不占或者少占林地，必须占用的，依法办理建设用地审批手续的规定。

二、允许有限开采活动的规定

（一）永久基本农田

《自然资源部 农业农村部关于加强和改进永久基本农田保护工作的通知》（自然资规〔2019〕1号），允许新设油气采矿权，要求依法办理用地手续；对于煤炭等非油气战略性矿产采矿权，根据露天、井下开采方式实行差别化管理，新设露天开采采矿权，要求开采项目应符合占用永久基本农田重大建设项目用地要求，新设井下开采采矿权，要求矿产资源开发利用与生态保护修复方案应落实保护性开发措施，井下开采方式所配套建设的地面工业广场等设施，要符合占用永久基本农田重大建设项目用地要求；对于非战略性矿产，申请新设采矿权，应避让永久基本农田，其中地热、矿泉水开采，不造成永久基本农田损毁、塌陷破坏的，允许申请新设采矿权。

（二）生态保护红线、自然保护地

《自然资源部 生态环境部 国家林业和草原局关于加强生态保护红线管理的通知（试行）》（自然资发〔2022〕142 号）规定，生态保护红线内自然保护地核心保护区外，允许有限开采活动，包括铀矿开采活动；已依法设立的油气探矿权发现可供开采油气资源并探明储量时，可将开采拟占用的地表或海域范围依照国家相关规定调出生态保护红线，已依法设立的油气采矿权不扩大用地用海范围，允许继续开采；已依法设立的矿泉水和地热采矿权，在不超出已经核定的生产规模、不新增生产设施的前提下，允许继续开采；铬、铜、镍、锂、钴、锆、钾盐、（中）重稀土矿等战略性矿产，因国家战略需要开展开采活动的，可办理采矿权登记。但是，自然保护区、风景名胜区、饮用水水源保护区等区域，依照法律法规执行开采活动。

（三）林地

《建设项目使用林地审核审批管理办法》（国家林业局第 35 号令）第四条规定，大中型矿山可以使用Ⅱ级及其以下保护林地，不得使用一级国家级公益林地。

三、禁止或限制勘查开采活动的规定

（一）永久基本农田、生态保护红线、自然保护地

永久基本农田、生态保护红线、自然保护地范围内除上述两部分所列举的允许有限勘查开采活动外，实行勘查开采活动禁止性规定。

（二）林地

《建设项目使用林地审核审批管理办法》（国家林业局第 35 号令）第四条规定，各类建设项目不得使用Ⅰ级保护林地，勘查、开采等活动不得使用一级国家级公益林地。

（三）自然保护区、风景名胜区

《自然保护区条例》第二十六条规定，禁止在自然保护区内进行开矿、采石、挖沙等活动，但是，法律、行政法规另有规定的除外；《风景名胜区管理条例》第二十六条规定，在风景名胜区内禁止开矿、采石、挖沙等活动。

（四）草原

《草原征占用审核审批管理规范》第三条规定，矿藏开采应当不占或者少占草原，原则上不得占用生态保护红线内的草原，除国务院批准同意的建设项目等，不得占用基本草原。

（五）饮用水水源保护区

《水污染防治法》对建设项目占用饮用水水源保护区按照保护等级实行差别化管理，第六十五、六十六、六十七条规定，禁止在饮

用水水源一级保护区内建设与供水设施和保护水源无关的建设项目；禁止在饮用水水源二级保护区内排放污染物的建设项目；禁止在饮用水水源准保护区内建设对水体污染严重的建设项目。

（六）湿地

《湿地保护法》第二十八条规定，禁止破坏湿地及其生态功能的擅自采砂、采矿、取土的行为。

（七）沙化土地封禁保护区

《防沙治沙法》第二十二条规定，在沙化土地封禁保护区范围内，禁止一切破坏植被的活动。

（八）文物保护单位

《文物保护法》第二十八条规定，在文物保护单位的保护范围内不得进行文物保护工程以外的其他建设工程或者爆破、钻探、挖掘等作业，因特殊情况需要作业的，必须经相关人民政府和文物行政部门同意。

第三节　需要关注的主要问题

为贯彻落实党中央、国务院关于能源资源安全保障新要求，深入推进生态文明建设决策部署，保障新《矿产资源法》顺利落地实施，禁限区勘查开采差别化管理制度建设以及实践中存在的一些问题，仍需重点关注。

一、禁限区与矿业权设置重叠矛盾较大

按照“三区三线”划定结果，我国生态保护红线划定面积 319 万平方千米，约占国土面积的 30%，永久基本农田面积 15.46 亿亩[1]，约占国土面积的 10%，另外还有一些未划入生态保护红线的林地、水源地、湿地，以及其他禁止限制矿产资源勘查开采区域。由于生态保护红线等各类禁限区范围多与含油气盆地、成矿带等范围有空间重叠，所以禁限区与矿业权设置重叠矛盾较大，在生态保护红线划定和自然保护地整合优化过程中，为解决矿业权矛盾，已将部分矿业权调出生态保护红线和自然保护地范围，但仍有较多矿业权因无法调出需逐渐退出禁限区范围，并且很多禁限区不允许新设矿业权，大大压缩了可供出让的区块范围。

二、生态保护红线勘查开采差别化管理落地难

自然资发〔2022〕142 号文件对于生态保护红线内自然保护地核心区外的勘查开采活动实行差别化管理。但是，政策一直未完全落地实施，落地难的原因有多方面。

一是生态保护红线、自然保护地管控区域划分不细致。管控区域划分为核心区和一般控制区，核心区原则上禁止人为活动，一般控制区允许有限的人为活动。但是不是所有的保护区域都划分了核心区和一般控制区，有些自然公园以及自然保护地外的生态保护红

[1] 1 亩≈666.7 平方米。

线可能也有需要特别重点保护的区域，不能完全按照一般控制区允许有限人为活动进行管控。

二是绿色勘查开采标准规范尚未完全建立。生态保护红线内矿业权差别化管理政策允许部分矿业权开展勘查开采作业，但是如何在生态保护红线、自然保护地范围内开展勘查开采作业的标准规范尚未完全建立，导致管理机关对符合管控政策的矿业权审批发证也会比较谨慎，矿业权人担心政策风险也不敢贸然加大投入。

三是相关行政许可存在冲突。根据现行环保政策，生态保护红线内不批准环境影响评价报告，存在矿业权管理符合生态保护红线差别化管理政策，但是由于无法获得环评批复等仍然无法开展勘查开采作业的问题。

三、生态保护红线管控要求影响勘查开采工作

按照自然资发〔2022〕142 号文件，允许已设油气采矿权继续开采，但不允许扩大用地用海范围，通常油气生产每年有 10% 左右的天然递减，需要不断新钻开发井维持产量，所以差别化管理政策虽然允许油气开采，但是不允许扩大用地用海范围或将影响油气产量的持续稳定；对于部分非油气战略性矿产，只允许开展勘查工作，当国家战略需要时，才可以开展开采活动，影响探矿权人勘查积极性。

四、禁限区勘查开采差别化管理政策不一致

生态保护红线勘查开采差别化管理政策不适用于自然保护区、

风景名胜区和湿地区域，要求按照已有法律法规执行，《国家公园法（草案）》公开征求意见版本，提请全国人大常委会会议审议，规定国家公园一般控制区允许公益性地质勘查，以及因国家重大能源资源安全需要开展的战略性能源资源勘查，与现行生态保护红线勘查开采管理政策也不一致，届时可能存在约一半生态保护红线区域不执行生态保护红线内勘查开采差别化管理政策。对于林地、湿地、草原等，生态保护红线勘查开采差别化管理政策与其他法律法规及规范性文件不一致，比如生态保护红线按矿种实行差别化管理，《建设项目使用林地审核审批管理办法》（国家林业局令第35号）按保护林地等级实行差别化管理，《湿地保护法》规定禁止破坏湿地及其生态功能的擅自采矿行为。另外，还存在部门规范性文件与地方性法规不一致的情况，如《草原征占用审核审批管理规范》（林草规〔2020〕2号）规定建设项目不得占用基本草原，《内蒙古自治区基本草原保护条例》规定勘探开采矿产资源可以临时占用基本草原，但不能超过2年。

五、禁限区勘查开采差别化管理未考虑立体管控模式

现行禁限区勘查开采差别化管理为二维平面式管理模式，如果矿业权与禁限区存在平面重叠，必须进行避让或只允许有限勘查开采活动，由于禁限区与矿业权重叠情况较多，重叠区域较大，如果在平面上完全进行避让，将对矿业权设置范围产生较大影响，不能

有效地解决矿产资源开发与生态环境保护的矛盾问题，比如新设油气探矿权时，油气探矿权面积通常较大，多与禁限区存在一定面积的重叠，经常因避让禁限区，导致油气探矿权不得不分成多个小块，或者开多个天窗，或者边界呈不规则形状设置，勘查工作将不能连续开展，如果重叠区域有矿产资源，由于重叠区域未设置矿业权，将无法对资源进行开采，存在资源的浪费。

第四节　完善差别化管理意见建议

针对禁限区内矿业权差别化管理中存在的问题，为更好贯彻落实新《矿产资源法》，统筹矿产资源开发利用与生态环境保护之间的关系，提出以下完善禁限区勘查开采差别化管理意见建议。

一、优化禁限区范围，协调开发与保护的关系

为了保障粮食安全和生态安全，党中央、国务院要求划定永久基本农田和生态保护红线，并且控制线之间不交叉、不重叠，在空间上充分保障了粮食安全和生态安全。为保障能源资源安全，经济社会发展，矿产资源勘查开采同样需要空间区域保障勘查开采作业，实现加大勘探力度和增储上产目标，我国现存矿业权数量整体呈下降趋势，据《2023 年中国自然资源公报》显示：截至 2023 年末，全国现有登记探矿权 12173 个、采矿权 30514 个，共

计42687个矿业权，比2013年底全国矿业权减少一半以上。建议按照党中央、国务院要求，协调解决保护与发展矛盾突出问题，优化三区三线、自然保护地等禁限区的划定范围，做到在空间区域上保障粮食安全、生态安全及能源资源安全。

二、细化生态环境分区分类，完善差别化管理政策

按照国际通行做法，保护区是分区域分类型实行差别化管理的，无论是联合国有关机构、世界自然保护联盟还是大多数国家，都实行差别化保护区矿业政策。世界自然保护联盟制定了保护区国际分类标准，将保护区划分为六大类，其中前四类保护区内是不允许矿业活动的（约占保护区总面积的30%，约占全球陆地面积的4%），后两类保护区内允许开展矿业活动，但要有严格的环境保护要求。这个标准对目前各国的保护区分类具有指导意义。美国将保护区分为10个类型，只有第一类国家公园（占国土面积的2%）是不允许矿业活动的；澳大利亚保护区约占国土面积的20%，其中明确不允许矿业进入的保护区约占国土面积的5%；加拿大执行较为严格的保护区矿业政策，建立的各种保护区约占国土面积的10%，仅联邦环境局管辖的荒野保护区和候鸟保护区允许矿业进入，约占全部保护区面积的0.4%；巴西保护区约占国土面积的30%，且不执行差别化管理政策，导致矿业矛盾突出，政府已将部分亚马孙雨林保护区向矿业开放；俄罗斯保护区约占国

土面积的 9%，全部禁止矿业活动，由于俄罗斯地域广阔，9% 的国土禁止矿业活动对矿业发展影响有限。

我国生态保护红线约占国土面积的 30%，实行勘查开采差别化管理政策，自然保护地核心区原则上禁止人为活动，自然保护地以外的其他区域允许有限的人为活动。2024 年，中共中央办公厅、国务院办公厅印发《关于加强生态环境分区管控的意见》，要求全面推进生态环境分区管控，科学指导各类开发保护建设活动。我国生态保护红线等生态环境分区管控区域划分还不够细致，差别化管理政策落地难，建议加快贯彻落实党中央、国务院决策部署，细化生态环境分区分类，科学指导各类开发保护建设活动，完善差别化管理政策。

（一）细化生态环境分区分类

按照中共中央办公厅、国务院办公厅印发的《关于加强生态环境分区管控的意见》，以生态保护红线为基础，把该保护的区域划出来，把发展同保护矛盾突出的区域识别出来，其他区域实施一般管控。只有把生态环境保护区域按照保护程度以及与发展的矛盾冲突程度，分区域分类型区分出来，差别化管控政策才能更好地落地实施，才能更有效地解决发展与保护的矛盾，实现在保护中发展，在发展中保护。

（二）完善差别化管理政策

一是制定详细的差别化管理政策。在划定生态保护红线等禁限区分区管控区域基础上，制定详细的差别化管理政策，根据不同区域的管控特点，编制各管控区域的准入清单，明确具体的管控要求，保证差别化管理政策可落地、可实施。

二是尊重客观规律。油气资源开采具有天然递减的规律，需要打新井维持产量，不能“一刀切”禁止油气采矿权扩大用地用海范围，应该根据不同的管控区域制定不同的准入政策；新《矿产资源法》建立了探矿权转采矿权直通车制度，只允许勘查，不允许开采，不符合新《矿产资源法》管理理念，也不利于激励探矿权人开展勘查工作，应该在可控区域允许开展符合要求的矿产资源开采活动。

三是保持差别化管理政策一致性。将生态保护红线管理政策上升到法律法规层面，对接国家公园法、自然保护区条例等法律法规，协调解决各法律法规制度之间、国家和地方之间、各部门之间、各行政许可之间政策不衔接、不一致的问题。

三、探索立体管理措施，完善保护与开发空间布局

2019 年，中共中央办公厅、国务院办公厅印发《关于统筹推进自然资源资产产权制度改革的指导意见》，要求探索海域使用权立体分层设权。禁限区内的矿业权差别化管理也可以探索立体管理模式，生态保护红线等禁限区一般为平面区域二维空间，而矿产资源位于地下空间，探索矿产资源与禁限区分层立体管理有利于更好地统筹协调矿产资源开发与生态环境保护之间的关系，特别对于面积比较

大的矿业权，能够更好地解决开发与保护的矛盾冲突。

对于矿产资源勘查作业，由于其一般对自然环境扰动较小，可以通过执行最严格的绿色勘查标准规范，限制使用对自然环境扰动大的勘查方法，改用对自然环境相对友好的勘查方法，比如限制使用坑探，要求使用钻探等。对于对环境保护要求更高的区域，可以通过避开禁限区，在其他区域开展勘查作业，实现对地下空间的整体认识。建议在设置探矿权时不完全避让禁限区，只避让生态保护红线、自然保护地核心区等重点生态保护和文化保护区域，或重叠区域较大的，无法通过技术手段实现立体勘查开采的区域。

对于矿产资源开采作业，地下开采方式，具有占用地表有限区域，可实现地下资源开采的特点。比如油气等地下开采的矿产资源，可以通过在平面上避让禁限区设置井口装置和井巷工程，实现对禁限区地下矿产资源的开采，达到禁限区内在平面上保护，立体上开发的目的。建议进行立体式差别化管理措施，在平面上无需对禁采区范围进行避让。

四、完善技术标准规范，加强勘查开采活动管理

禁限区通过制定更严格绿色勘查、绿色矿山建设标准规范，加强勘查开采活动管理，保障差别化政策顺利落地实施。一是建立完善的绿色勘查开采标准规范和技术指南。使得禁限区勘查开采活动可以按照规范和指南开展实施，全面落实绿色勘查、绿色矿山建设

要求，由于新《矿产资源法》要求矿业权人按照经批准的勘查方案和开采方案开展作业，建议在勘查方案和开采方案中增加绿色勘查或绿色矿山建设要求，不符合禁限区绿色勘查开采标准规范的矿业权不得在禁限区开展勘查开采活动。二是加强勘查开采活动管理要求。严格执行矿业用地、环境评价、安全生产、生态修复、矿区复垦等行政许可要求；开展矿业勘探或开采作业前，需要向资源地相关部门报告，并接受全流程严格监管；在全国矿业权人勘查开采信息公示系统中增加探矿权和采矿权在生态保护红线内等禁采区的勘查开采情况，加强政府监管，扩大社会监督。

五、加强矿业活动的环境影响动态监测及协同监管机制

一是建立矿业权人信息获取渠道。建立信息发布与分享平台，使相关矿业权人及时掌握矿业权内生态保护红线等禁限区空间范围坐标及相关信息，方便完成相关义务并接受监管。

二是完善管理部门信息互通和协同配合机制。加强生态保护红线等禁限区及周边矿业活动相关环境和生态影响的动态监测，自然资源、生态环境、林草保护、应急管理、地方政府间及时共享信息、明确责任，加强协同监管。

三是完善生态保护红线等禁限区常态化巡查核查制度。依托卫星遥感技术和国土空间基础信息平台，对违法勘查开采、破坏生态环境及不履行生态修复义务等及时查处。

第三篇

保护与监督新举措

第十四条　国务院自然资源主管部门会同有关部门负责全国矿产资源勘查、开采和矿区生态修复等活动的监督管理工作。

县级以上地方人民政府自然资源主管部门会同有关部门负责本行政区域内矿产资源勘查、开采和矿区生态修复等活动的监督管理工作。

国务院授权的机构对省、自治区、直辖市人民政府矿产资源开发利用和监督管理情况进行督察。

第三十二条　编制国土空间规划应当合理规划建设项目的空间布局，避免、减少压覆矿产资源。

建设项目论证时，建设单位应当查询占地范围内矿产资源分布和矿业权设置情况。省级以上人民政府自然资源主管部门应当为建设单位提供查询服务。

建设项目确需压覆已经设置矿业权的矿产资源，对矿业权行使造成直接影响的，建设单位应当在压覆前与矿业权人协商，并依法给予公平、合理的补偿。

战略性矿产资源原则上不得压覆；确需压覆的，应当经国务院自然资源主管部门或者其授权的省、自治区、直辖市人民政府自然资源主管部门批准。

第四十条　国家建立矿产资源储量管理制度，具体办法由国务院制定。

矿业权人查明可供开采的矿产资源或者发现矿产资源储量发生重大变化的，应当按照规定编制矿产资源储量报告并报送县级以上人民政府自然资源主管部门。矿业权人应当对矿产资源储量报告的真实性负责。

第五十六条　县级以上人民政府自然资源主管部门和其他有关部门应当按照职责分工，加强对矿产资源勘查、开采和矿区生态修复等活动的监督检查，依法及时查处违法行为。

上级人民政府自然资源主管部门和其他有关部门应当加强对下级人民政府自然资源主管部门和其他有关部门执法活动的监督。

第五十七条 县级以上人民政府自然资源主管部门和其他有关部门实施监督检查，可以采取下列措施：

（一）进入勘查、开采区域等实施现场查验、勘测；

（二）询问与检查事项有关的人员，要求其对有关事项作出说明；

（三）查阅、复制与检查事项有关的文件、资料；

（四）查封、扣押直接用于违法勘查、开采的工具、设备、设施、场所以及违法采出的矿产品；

（五）法律、法规规定的其他措施。

自然资源主管部门和其他有关部门依法实施监督检查，被检查单位及其有关人员应当予以配合，不得拒绝、阻碍。

第六十五条 违反本法规定，建设项目未经批准压覆战略性矿产资源的，由县级以上人民政府自然资源主管部门责令改正，处十万元以上一百万元以下罚款。

——《矿产资源法》（2024年修订）

第十章

评审备案管理

矿产资源储量，是地质找矿成果的最终体现，也是矿业开发对象；是政府进行规划和管理的依据和基础，也是矿山设计、建设、开发、经营管理的依据和基础。矿产资源储量评审备案（以下简称评审备案）是矿产资源储量管理制度的重要组成部分，是自然资源主管部门履行矿产资源所有者职责，依申请对申报的矿产资源储量进行审查确认，纳入国家矿产资源实物账户，作为国家管理矿产资源重要依据的行政行为。新《矿产资源法》虽然未提及评审备案事项，但明确矿产资源储量管理制度的具体办法由国务院制定，为在《矿产资源法实施条例》或者相关文件中对矿产资源储量实行评审备案相关管理预留了空间。

第一节　评审备案制度沿革与现状

新中国成立初期，为了勘探工作有章可循，保证地质勘探报告

（本章执笔人：陈敏、苗琦、刘雨晨）

的质量，国家建立了矿产资源储量审批制度，对较重要的矿产资源储量报告进行审查、批准，作为后期矿山建设设计的依据。随着矿产资源管理改革和实践的发展，矿产资源储量审批制度逐步演变为矿产资源储量评审认定和现在的矿产资源储量评审备案。

一、矿产资源储量审批制度（1998年前）

1953年，国家成立全国矿产储量委员会，负责审查和批准供有全国意义的企业使用的各种矿产储量，正式揭开了矿产储量审批管理的序幕。1986年《矿产资源法》第十一条规定，国务院矿产储量审批机构或者省、自治区、直辖市矿产储量审批机构负责审查批准供矿山建设设计使用的勘探报告，并在规定的期限内批复报送单位。勘探报告未经批准，不得作为矿山建设设计的依据。上述规定确立了矿产储量审批制度的法律依据。

二、矿产资源储量评审认定制度（1999—2002年）

1998年，国家组建国土资源部，撤销全国矿产资源委员会（前身为全国矿产储量委员会），工作改由国土资源部承担。1999年7月，为了使政府工作人员专注于行政管理事务，国土资源部联合国家计委等五部委发布《矿产资源储量评审认定办法》（国土资发〔1999〕205号），将矿产储量审批制度改为矿产资源储量评审认定制度，明确矿产资源储量评审工作（以下简称“评审工作”）由矿产资源储量评审机构（以下简称“评审机构”）负责，矿产资源储量认定工作由国土资源行政主管部门负责。2001 年，国土资源部发文建立评审机构资格管理制度，推动评审工作和评审机构走向市场化，之后部省两级评审机构相继成立，但单位性质不统一，事业单位、企业法人、社会团体性质的均有。

2002 年，为建立适应社会主义市场经济体制的行政管理体制，国务院取消了依据国土资发〔1999〕205 号文设定的矿产勘探报告审批事项。自此，评审认定事项不再具有行政审批性质。

三、矿产资源储量评审备案制度（2003—2019 年）

2003 年，为贯彻落实国务院决策部署，国土资源部将评审认定制度改为矿产资源储量评审备案制度。该时期评审备案制度的评审程序仍参照以往管理规定执行，矿业权人向评审机构申请评审，评审机构组织专家形成评审意见书后，将评审意见书等材料报送国土资源行政主部门申请备案；国土资源行政主管部门备案后，将结果反馈评审机构。这一时期，评审、备案属于两个事项。

2003 年后，随着矿产资源管理改革的深入，矿产资源储量评审备案范围不断扩大。例如，2004 年，为加强矿产资源登记统计管理，查明、占用、压覆、残留 4 种矿产资源储量登记情形被纳入评审备案范围；2006—2007 年，为进一步实现探矿权采矿权审批工作的规范化、科学化等管理目标，探矿权变更矿种，探矿权的延续、出让、转让，采矿权的新立、延续、变更、出让、转让、注销，划定矿区范围，矿业权价款评估等情形被相继纳入评审备案范围。

2016年，为规范行政管理事项，中央审改办正式将“矿产资源储量评审备案与储量登记”作为行政确认事项，列入国土资源部其他权利清单，并说明此事项将随着简政放权和依法行政的推进，结合制定国务院部门权力清单，进一步研究、清理和规范。

在推动评审工作和评审机构的市场化进程中，一开始涌现了一些企业法人性质的评审机构。但是，面对专家劳务费等评审相关费用由矿业权人支付可能影响评审结果公正性的质疑声，越来越多的省份选择由下属事业单位承担评审工作。2019年初，经“涉企收费”情况清理，评审工作被确定为属于对行政管理的技术支撑工作，相关费用应当由财政经费保障。

四、矿产资源储量评审备案制度精简改革（2020年至今）

2019年底，自然资源部印发《关于推进矿产资源管理改革若干事项的意见（试行）》（自然资规〔2019〕7号），改革资源储量分类，取消矿产资源储量登记，简化归并评审备案和储量登记事项，明确将矿产资源储量政府直接评审备案范围缩减至4种，其余14种情形的矿产资源储量不再由政府部门直接进行评审备案，推动矿产资源储量评估咨询服务市场化。

2020年，为落实自然资规〔2019〕7号文有关改革要求，规范评审备案工作，《自然资源部办公厅关于矿产资源储量评审备案管理若干事项的通知》（自然资办发〔2020〕26号）《自然资源部办公厅关于进一步规范矿产资源储量评审备案工作的通知》（自然资办函〔2020〕966号）印发实施，明确了评审备案程序、管理要求，评审机构、评审专家的职责划分等，是当前评审备案管理遵循的主要文件。这一时期的评审备案不再属于两个事项，而是一个事项的两个环节。

2021年以来，《自然资源部办公厅关于开展矿产资源储量评审工作质量监督指导的通知》（自然资办函〔2021〕1116号）、《自然资源部办公厅关于印发〈矿产资源储量评审专家库管理办法〉的通知》（自然资办发〔2023〕31号）相继发布实施，建立了常态化的评审工作质量管控机制、部省两级评审专家库管理制度，评审备案制度不断完善。2003年，《自然资源部关于深化矿产资源管理改革若干事项的意见》（自然资规〔2023〕6号）印发实施，对评审备案范围进行了微调，同时将财政出资勘查项目新增资源量纳入省级自然资源主管部门评审不备案范围。2023—2024年期间，有的省级自然资源管理部门通过设立评审不备案情形来满足相关行政管理工作的需求，设立的情形主要有出让收益评估处置依据的矿产资源储量报告、财政出资勘查项目成果报告、省级自然资源主管部门负责的矿业权出让需核实资源量等。

五、当前矿产资源储量评审备案管理要求

（一）管理性质

矿产资源储量评审备案具有行政确认性质，是自然资源主管部

门落实矿产资源国家所有的法律要求、履行矿产资源所有者职责，依申请对申请人申报的矿产资源储量进行审查确认，纳入国家矿产资源实物账户，作为国家管理矿产资源重要依据的行政行为。

（二）评审备案范围

探矿权转采矿权，采矿权变更矿种，采矿权变更（扩大或缩小）范围涉及矿产资源储量变化，油气矿产在探采矿期间探明地质储量、其他矿产在采矿期间累计查明矿产资源量发生重大变化的（变化量超过30%或达到中型规模以上），以及建设项目压覆重要矿产5种情形。

（三）评审备案工作方式

管理相对人提出评审备案申请，自然资源主管部门受理后，委托评审机构组织专家开展评审。遇到首次申请评审备案资源储量规模大型、变化量达到大型或者评审备案过程中认为存疑的，评审机构组织开展现场核查。评审完成后，评审机构根据评审会议和现场核查情况出具评审意见书，提出予以或不予以备案的建议，并将有关材料报送自然资源行政主管部门。自然资源行政主管部门根据评审意见及有关建议等情况，作出评审备案决定，向管埋相对人发出评审备案复函。

（四）与其他行政管理的衔接

1）与矿业权登记管理衔接。对于探矿权转采矿权、采矿权变更矿种、采矿权变更（扩大或缩小）范围涉及矿产资源储量变化的，经评审备案是办理矿业权登记的前置条件。

2）与矿产资源储量统计的衔接。除需压覆审批的情形外，其他已完成评审备案的矿产资源储量信息应及时更新录入矿产资源储量统计数据库，可以直接作为矿产资源储量统计的依据；需压覆审批的，经批准压覆的矿产资源储量应及时更新录入矿产资源储量统计数据库。

3）与压覆审批的衔接。建设项目压覆重要矿产资源的，建设单位申请压覆审批前，应先完成压覆矿产资源评估报告的评审备案。

回顾我国矿产资源储量评审备案管理的演变历史，总结发现不同时期的矿产资源储量评审管理制度发挥了不同作用。新中国成立时期，矿产储量审批在矿山建设设计依据的关键节点为国家投资安全把关，避免大矿小开或者小矿大开造成的资金或者矿产资源浪费。随着我国社会主义市场经济体制逐步建立，评审认定、评审备案将上市融资、银行贷款、矿业权转让等情形依据的资源储量囊括其中，为维持市场秩序、规范矿业企业投融资相关行为、服务矿业权登记及出让收益（价款）评估等政府管理提供了有力支撑。2020 年以后，政府和市场管理边界逐步清晰，评审工作定位进一步理清，评审备案工作在探矿权转采矿权、开采期间资源储量发生重大变化等关键环节为国家矿产资源实物账户进行把关，继续为自然资源部履行矿产资源所有者职责保驾护航。总体上，不同时期的矿产资源储量评审管理制度，基本满足了各个时期不同阶段的管理需求。

第二节 面临的主要挑战与考验

梳理总结评审备案管理多年实践，结合新《矿产资源法》最新规定，当前评审备案管理主要面临以下挑战和考验。

一、对评审备案工作的认识不统一

评审备案管理由行政许可事项改革而来，随着市场化改革的不断推进，业界对于评审备案到底发挥什么作用、能否取消有着不同认识。

在矿业企业等管理相对人看来，如果办理矿业权登记管理、建设项目压覆战略性矿产资源审批等相关行政管理手续时不需要经评审备案的报告，他们主动编制报告并申请评审备案的意愿并不强。但是，在政府管理部门看来，评审备案不仅可以帮助国家掌控矿产资源家底，也可以为矿业权登记、矿业权出让等政府管理事项提供数据支撑，还有存在的必要性。然而，行业内一些专家学者多年来一直呼吁评审工作全面推向市场，认为政府没有必要继续保留评审备案事项，应该学习西方那些市场经济发达国家通过市场监管以及引入“合格人”等方式来保证企业对市场发布的资源储量报告及其数据的可靠性，既能发挥市场作用，也能减轻政府负担。

与此同时，由于近年来地质勘查资质和各类地质报告编制资质的取消，以及前期地质勘查工作质量管控不到位，资源储量报告编制质量有所下滑，基于资源储量报告开展的评审工作难度加大，评审备案工作承受着较大的压力。

评审备案制度建立以来，国家也一直想推进矿产资源储量市场服务体系建设，但总体进展缓慢。为方便理解，下文对由政府主导的评审工作称为矿产资源储量政府评审（简称“政府评审”），对由市场主导的矿产资源储量评估咨询服务称为矿产资源储量市场评估（简称“市场评估”）。在这样的形势和背景下，评审备案制度以及政府评审工作是否有必要继续保留，有待进一步研究。

二、评审备案的行政属性还需探讨

2020年，自然资规〔2019〕7号文取消了储量登记，评审备案代替“矿产资源储量评审备案与储量登记”成了自然资源部的一项行政确认事项。但是，根据《中华人民共和国行政诉讼法》相关规定，行政确认可以理解为是行政机关依法对行政相对人的法律地位、法律关系或有关法律事实进行甄别，给予确定、认可、证明并予以宣告的具体行政行为，其表现形式主要有鉴定结论、公证文书、登记文书等，行政确认主要形式有确定、认可、证明、登记、批准、鉴证、行政鉴定。同时，根据《国务院办公厅关于推广行政备案规范管理改革试点经验的通知》（国办函〔2022〕110号），行政备案是指行政机关根据公民、法人或者其他组织依法报送的相关材料，经审核予以存档备查的行为。对行政备案事项，不得规定经行政机关审查同意，企业和群众方可从事相关特定活动。行政备案更多具有事中和事后监管的特点，一般只是对报送材料的形式性审查，不设置前置技术审查环节，以当场办结为主。

下一步工作中，评审备案若定位为行政备案事项，行政主管部门将仅对管理相对人报送的资源储量报告进行要式审查，即报件齐全完整即可，其前置的评审环节难以保留。相关矿政管理工作，将面临完全基于矿业权人报送报告记载的资源储量进行矿业权登记、资源储量统计、压覆战略性矿产资源审批等，这种方式能否满足行政管理需求，有待研究明确。若进一步明确评审备案为行政确认事项，其“备案”的名称有所不妥，与此同时其确认的标的物和确认行为的目的意义有待进一步梳理。

三、评审备案范围如何界定

2023年以来，评审备案工作遇到了一些新的形势，部省两级自然资源主管部门通过设立评审不备案的情形以满足实际工作需要。这些评审不备案的情形是否需要纳入下步评审备案范围，以及政府评审范围是否必然与评审备案范围一致等还有待研究。另外，对于新《矿产资源法》规定的矿业权人应编制资源储量报告的两种情形，是否纳入评审备案范围或者政府评审范围，也还需要深入研究。

四、与相关行政管理工作的关系有待进一步理顺

矿产资源储量是地质勘查工作的成果，是矿产开采工作的对象。在各项行政管理工作中，矿业权出让、矿业权登记、压覆战略性矿产资源审批、矿产资源统一确权登记、资源资产负债表等管理工作，都需要结合资源储量及其范围等情况，判断是否可以准予探矿权转

采矿权，或确定采矿权期限、合理划定矿业权权属或许可范围等。这些行政管理工作依据的资源储量是否都需要经过评审备案，相互之间如何衔接，还有待梳理和研究明确。

第三节　国外管理经验借鉴

在加强资源储量数据质量管控方面，国外主要分为两大体系，一是以俄罗斯为代表的、对已探明矿产储量实行严格国家评审鉴定的数据质量管控机制，二是以美国、加拿大、澳大利亚为代表的通过严格资源储量信息发布和资源储量报告编制以及强化市场监管约束的数据质量管控机制。

一、俄罗斯管理经验

根据《俄罗斯联邦地下资源法》，为制定矿产资源综合利用的条件、确定矿产资源使用费、确定供使用的矿产资源范围，必须对已探明的矿产储量进行国家评审鉴定；只有进行国家评审鉴定之后的矿产储量，才允许提供给利用人进行矿石开采；国家对已探明的矿产储量工业利用价值做出的鉴定结论，是将矿产提交国家统计的依据；已探明的矿产储量进行国家评审鉴定相关费用计入联邦政府或地方财政收入。这些确立了俄罗斯对已探明矿产储量实行严格的国家评审鉴定的管理模式，俄罗斯联邦政府和各地方主体在各自职权范围内对探明的矿产储量实施国家评审鉴定。

俄罗斯联邦自然资源与环境部是俄罗斯自然资源主要管理部门，负责统管矿产、水、森林、林地等多项自然资源，其下设的地下资源利用署是负责固体矿产储量管理的主要机构，职能包括将探明的矿产储量及时列入或移出国家的储量平衡表等，保持国家储量表的动态平衡和资源家底的清晰。俄罗斯国家矿产储量委员会，是自然资源与环境部下属的关键机构，具体承担探明储量的国家级评审鉴定工作，主要职能包括为矿产储量审查提供组织和方法上的支持等。俄罗斯矿产专家协会，是俄罗斯国家矿产领域的一个重要专业协会，联合了众多从事地质、采矿、冶炼、环境和经济等领域的专家，主要负责参与、协助俄罗斯国家矿产储量委员会开展国家级评审鉴定。

俄罗斯国家矿产储量委员组织开展国家级评审鉴定工作时，应当组织由矿产储量委员会的正式工作人员和工作经验不少于 5 年的专家组成专家组，对探明的矿产储量进行评审。

这种管理模式的特点是，设立政府管理机构负责矿产储量的国家评审鉴定。政府通过矿业立法详细规定国家评审鉴定主体、内容、程序、法律后果等要求，从国家利益或者公共利益角度出发，明确对已探明矿产储量实施国家评审鉴定是政府作出的一项行政行为。

二、美国、加拿大、澳大利亚等国家管理经验

美国、加拿大、澳大利亚等西方国家，由于市场监管机制较为

完善成熟，他们未设立由政府对矿产资源储量报告进行评审的质量把关环节，而是通过实行严格的信用约束监管机制，加强对矿业企业编制报告的指导和监督，以保证企业对外发布资源储量信息的真实性和科学性，从而保护公众投资者的利益，维护资本市场的正常秩序。

以加拿大为例，加拿大证监会制定发布国家文件 NI43-101，规定从事资源储量估算人员的资质、资源储量报告的内容、应遵循的资源储量分类标准及信息披露等法律性要求。在这份文件要求下，矿业企业完成一个项目的勘查后，如果想对外发布其资源储量，必须聘请独立的矿业咨询公司（中介机构）和独立的合格人员按照 NI43-101 要求开展资源储量报告编制和资源储量估算等相关工作。这份由独立的矿业咨询公司和独立的合格人员签署的资源储量报告对外才具有合法性，可以提供市场使用，也是政府统计的基础。倘若日后发现报告编制或资源储量估算存在问题，都将面临声誉受损、股价或市值下跌、行业立足困难等危机，并接受市场监管有关约束限制和严厉惩罚，这些能够对矿业企业、中介机构、合格人员造成足够威慑，进而确保矿业企业对外发布资源储量数据的真实性可靠性。

综上，美国、加拿大、澳大利亚等西方发达国家，依托较为成熟完善的市场监管体系，通过严格资源储量报告编制、资源储量估算及信息披露等工作要求，以确保市场中的矿业企业如实提交和发布科学合理、真实可靠的资源储量信息。

三、启示与借鉴

根据《俄罗斯联邦宪法》，俄罗斯联邦境内的矿产资源均为国家所有，这一点与我国一致。新中国成立初期，我国矿产资源储量管理模式、资源储量分类标准、许多地质勘查标准规范等均是从苏联学习借鉴的，之后结合我国实际进行了不断修改完善。时至今日，我国对矿产资源储量报告进行评审备案的管理模式，与俄罗斯对已探明矿产储量实行国家评审鉴定的管理模式仍有较大的相似性。

美国、加拿大、澳大利亚等西方国家通过市场机制约束矿业企业“如实”提交和报告资源储量情况的管理模式非常便捷、高效，充分发挥了市场的资源配置作用。但是这些国家的矿产资源所有权属性大多与我国有所不同，例如美国的矿产资源所有权由土地的所有人享有，加拿大的矿产资源所有权为私人所有和国家或省所有，澳大利亚的矿产资源的所有权归联邦政府和州政府所有。此外，这套市场约束主导的资源储量数据质量监控机制在这些国家能够有效运行需要具备不少前提条件。一是较为成熟完善的市场监管体系和信用约束机制。二是严格要求的资源储量估算、报告编制和信息披露管理制度。三是高度市场化的矿业企业市场、矿业咨询市场，以及社会学会协会开展的合格人员资格管理和自律管理。

通过综合研究对比，我国仍有必要继续对部分情形的矿产资源储量实行政府评审，从而在关键环节把控资源储量数据质量，为矿产资源家底数据的总体准确度把关，同时为矿业权登记等行政管理提供坚实的数据支撑；还有部分需要对资源储量进行评审的情形可以探索通过市场评估方式解决。

第四节 政策建议

一、明确行政属性和工作定位

在我国矿产资源相关行政管理事项仍需要对矿产资源储量报告进行严格的技术性审查的情况下，不适宜将现行评审备案确定为行政备案性质，更适宜确定为行政确认性质。

一是调整评审备案名称。如将“备案”调整为“确认”等，并明确行政确认的标的物为资源储量，“确认”的资源储量纳入矿产资源储量统计，为掌控国家资源家底的重大环节进行把关，也可以为矿业权登记、矿业权出让、探明储量的矿产资源统一确权登记等行政管理工作提供基础数据支撑，为政府部门合理规划布局矿产资源综合利用、高效履行矿产资源国家所有者职责、做好国家宏观调控与决策制定提供服务。为以示区别，下文将调整后的评审备案称为“评审确认”。

二是强化和突出政府评审对矿政管理的全方位支撑的理念。由于近年来评审不备案情形的出现，政府评审服务于矿产资源储量管理之外的其他行政管理需求的特性逐渐凸显，所以建议引入包括但不限于评审确认的政府评审概念，即政府评审工作支撑服务的对象可以不仅是矿产资源储量的行政确认行为，也可以是矿业权出让、压覆战略性矿产资源审批等需要对资源储量进行评审或审查的行政管理工作。

二、明确评审确认范围

基于新《矿产资源法》规定的矿业权人应编制资源储量报告的两种情形，借鉴俄罗斯设立的国家评审鉴定范围，建议在矿产资源法实施条例中将评审确认范围设定为矿业权人查明可供开采矿产资源、矿业权人查明可供开采矿产资源发生重大变化和法律法规及国务院自然资源主管部门规定的应评审确认的其他情形三类。重点抓住查明可供开采矿产资源储量数据的准确性，以此为基点掌控矿产资源家底，并在此基础上为其他矿产资源行政管理、战略规划等提供数据支撑。其中，“法律法规及国务院自然资源主管部门规定的应评审确认的其他情形”作为兜底条款，为其他需要评审确认的情形预留接口。

三、理顺评审确认与其他相关行政管理的衔接关系

一是理顺与矿业权出让管理的衔接机制。矿业权出让前没有矿业权人，不属于新《矿产资源法》规定的应报送资源储量报告的情形，原则上不纳入评审确认范围。行政主管部门认为确需评审的，可要求评审机构组织开展政府评审，提出经评审通过的矿产资源储

量的建议，为行政主管部门实施出让提供依据。出让后，矿业权人存在查明可供开采矿产资源等矿法规定应报送资源储量报告情形的，矿业权人应依法履行义务，行政主管部门依法开展评审确认。

二是理顺与矿业权登记管理的衔接机制。研究认为查明可供开采矿产资源和资源发生重大变化情形的评审确认结果已经可以满足绝大部分矿业权登记管理的需要。例如，经评审确认的查明可供开采矿产资源储量，可以满足探矿权转采矿权或申请保留情形的使用；经评审确认的发生重大变化的矿产资源储量，可以作为由此导致的采矿权变更登记的依据；对于无重大变化但涉及采矿权变更登记的情况，使用最近一次因发生重大变化而评审确认的资源储量，结合最近年度的矿山储量年报，已足够满足采矿权延续、变更等登记管理的使用。

三是理顺与建设项目压覆战略性矿产资源审批管理的衔接。压覆审批申请单位为建设单位，并不是矿业权人。压覆审批管理工作需要对建设单位编制的报告进行评审的，可以通过政府评审方式，为管理部门实施审批事项提供支撑。当矿业权因压覆导致权限范围调整后，矿业权内查明可供开采矿产资源发生重大变化的，矿业权人应依法履行编制和报送资源储量报告的义务。

四是理顺与矿产资源储量统计管理工作的衔接。经评审确认的资源储量是资源储量统计的重要组成部分，但并非统计的所有资源储量都须纳入评审确认范围。若行政管理认为，纳入统计的资源储量应进行审查，建议将其纳入市场评估范围，拓宽市场咨询服务内容，促进矿产资源储量市场服务体系建设。

综上，评审确认工作与其他矿政管理衔接的方式可以总结为，属于评审确认范围的，经确认的资源储量数据可以为相关行政管理事项提供数据支撑；不属于评审确认范围，但有关行政管理认为确实需要对依据的资源储量进行评审的，可纳入政府评审范围。对于不是必须由政府承担矿产资源储量评审工作的，可以考虑纳入市场评估范围。

四、加快推进市场评估体系建设

为不断激发矿业市场活力，充分发挥市场对资源的配置作用，建议学习借鉴西方市场经济发达国家有关经验，通过加强政策引导，积极培育矿产资源储量评估市场。一是建立矿产资源储量信息披露制度，明确矿业企业对外发布、披露自身资源储量信息必须经第三方中介机构评估，规范矿业主体如实、诚信发布数据，为市场评估机构发育提供空间。二是尽快制定出台地质勘查活动质量监管、矿产储量估算相关政策文件和技术标准，加快构建完备的矿产资源储量报告编制、资源储量估算的标准体系，加强对市场主体开展资源储量估算和报告编制的指导和监督。三是进一步加速推进我国市场主体信用约束机制，通过对失信主体予以严厉的惩罚、行为制约等各种监管措施，加强对矿业企业的震慑作用，促进形成具有中国特色的市场监管约束机制，为下步改革奠定基础。

第十一章

压覆矿产资源管理

矿产资源压覆管理是《矿产资源法》确定的一项重要工作，对贯彻落实总体国家安全观，避免或减少压覆矿产资源，保障国家矿产资源安全，保障建设项目正常进行等具有重要意义。近年来因建设项目压覆矿产资源产生的矛盾纠纷大幅增加，管理中的问题也逐渐暴露。新《矿产资源法》在总结多年来压覆管理成功经验的基础上，从法律层面对以往管理规定进行了完善。新的压覆管理体系如何构建，值得系统研究。

第一节　压覆管理制度沿革与管理现状

一、制度初步建立阶段（2000 年以前）

1986 年《矿产资源法》颁布实施，第三十一条规定在建设铁路、工厂、水库、输油管道、输电线路和各种大型建筑物或者建筑

（本章执笔人：陈敏、苗琦、刘雨晨）

群之前，建设单位必须向所在省、自治区、直辖市地质矿产主管部门了解拟建工程所在地区的矿产资源分布和开采情况；非经国务院授权的部门批准，不得压覆重要矿床，确定了矿产资源压覆管理的法律定位。

1994年，《矿产资源法实施细则》发布实施，进一步明确建设项目设计任务报请审批时应附地质矿产主管部门出具的压覆查询结果证明文件；在建设项目与重要矿床的开采发生矛盾时，由国务院有关主管部门或者省、自治区、直辖市人民政府提出方案，经国务院地质矿产主管部门提出意见后，报国务院计划行政主管部门决定。1996年对《矿产资源法》进行修正的过程中，有关压覆管理的规定没有变化。

这一时期，地质矿产主管部门负责为重大建设项目、城市总体规划和区域经济开发规划的审批工作提供压覆查询、出具查询结果。矿产资源与工程建设之间出现矛盾时，地质矿产主管部门提出相关意见，国务院计划行政主管部门对建设项目压覆重要矿床作出审批决定。

二、压覆审批制度实施阶段（2000—2009年）

1998年，国家组建国土资源部，并将原国家计划委员会有关制订国土规划和土地利用总体规划的职能划入国土资源部。

2000年，国土资源部印发《关于规范建设项目压覆矿产资源审批工作的通知》（国土资发〔2000〕386号），建立了建设项目压覆矿产资源管理制度。

根据国土资发〔2000〕386号文规定，重要矿产资源是指国家规划矿区、对国民经济具有重要价值的矿区和《矿产资源开采登记管理办法》附录中34个矿种的矿床规模在中型以上的矿产资源。建设项目压覆矿产资源（矿床）的由部省两级国土资源主管部门负责审批，其中国土资源部负责压覆重要矿产资源的审批工作，省级国土资源主管部门负责压覆非重要矿产资源的审批工作。经批准压覆矿产资源的建设项目范围内有采矿权的，建设单位应与采矿权人签订补偿协议并报国土资源主管部门备案，采矿权人应及时办理矿区范围变更手续。

这一时期，压覆重要矿产资源和压覆非重要矿产资源均实行审批，审批部门由国务院计划行政主管部门调整为国土资源行政主管部门，开始关注建设项目与采矿权发生矛盾情形的处理，明确了处理要求。

三、压覆审批制度完善阶段（2010年至今）

为完善压覆重要矿产资源审批管理，妥善解决管理实践中出现的一些问题，2010年9月，国土资源部发布《关于进一步做好建设项目压覆重要矿产资源审批管理工作的通知》（国土资发〔2010〕137号），对压覆矿产资源、不作压覆处理、重要矿产资源的定义进行了调整，将部分情形的压覆重要矿产资源审批权限下放至省级国土资源主管部门，并从细化压覆查询服务，明确报部审批要求，提出压覆补偿的原则性范围，明确与矿业权管理、土地管理、土地利用总体规划的衔接要求，进一步规范压覆重要矿产资源审批工作。

2010 年 12 月，为落实国务院关于做好规章清理工作的要求，国土资源部发文公告国土资发〔2000〕386 号等文件失效。之后，压覆审批仅针对重要矿产资源情形。

2012—2024 年，国土资源部（机构改革后为自然资源部）相继印发了《关于进一步改进建设用地报批工作提高审批效率有关问题的通知》（国土资发〔2012〕77 号）、《关于办理建设项目压覆矿产资源导致矿业权范围变更事项的通知》（国土资发〔2015〕771 号）、《关于改进和优化建设项目用地预审和用地审查的通知》（国土资发〔2016〕16 号）、《关于做好建设项目压覆重要矿产资源审批服务的通知》（自然资办函〔2020〕710 号）、《关于进一步规范建设用地报批文本格式的函》（自然资办函〔2024〕1009 号）等文件，对国土资发〔2010〕137 号有关补偿协议签订、压覆查询服务和报件要求、压覆审批与矿业权登记管理、土地管理等衔接关系方面进行了调整和优化。

2024 年，《压覆矿产资源调查评估规范》（DZ/T 0479）发布实施，从技术角度提出了压覆矿产资源、压覆矿产资源范围的术语定义，明确了压覆矿产资源储量调查评估、压覆评估报告编制等技术性要求。

这一时期，压覆管理以国土资发〔2010〕137 号文为纲领性制度，其他文件为补充调整。与上阶段对比，压覆审批范围发生变化，由全矿种调整为重要矿产资源；权益保护属性更加突出，不仅对压覆采矿权人进行补偿，也将压覆探矿权情形纳入补偿范畴；管理要求进一步完善，包括压覆矿产资源的定义更加清晰，压覆查询、审批流程、报件要求更加明确等。

四、现行制度主要规定

（一）管理范围

建设项目实施后导致压覆范围内已查明重要矿产资源不能开发利用的，应按规定报批。但建设项目与勘查区块或矿区范围重叠而不影响矿产资源正常勘查开采的，不作压覆处理。

（二）审批范围

重要矿产资源，是指《矿产资源开采登记管理办法》附录所列34个矿种和省级自然资源主管部门确定的本行政区优势矿产、紧缺矿产。

（三）职能部门

压覆石油、天然气、放射性矿产，或《矿产资源开采登记管理办法》附录所列其余矿种累计查明资源储量数量达大型矿区规模以上的，或矿区查明资源储量规模达到大型并且压覆占三分之一以上的，由自然资源部负责审批。其余的由省级自然资源主管部门负责审批。

（四）审批流程

建设项目选址前开展压覆查询—确需压覆的，编制压覆矿产资源评估报告并完成评审备案—（涉及矿业权的，还需建设单位与矿业权人签订压覆补偿协议，或签订压覆补偿意向性协议且管理部门承诺做好协调）—申请审批。

（五）申请要件

包括压覆审批申请函、建设项目压覆矿产资源评估报告及其评审备案结果文件。报送自然资源部进行审批的，还应报送省级自然资源主管部门对上述材料的初审意见。建设项目压覆已设置矿业权矿产资源的，还应提交压覆补偿协议或压覆补偿的意向性协议等。

（六）补偿范围

原则上为被压覆资源储量在当前市场条件下应缴的价款或出让收益（无偿取得的除外）和压覆矿产资源分担的勘查投资、已建开采设施投入和搬迁设施等直接损失。

（七）与其他行政管理的衔接

1）与矿业权登记管理的衔接。压覆审批手续后，矿业权人应在45个工作日内到原发证机关办理矿业权范围变更。

2）与用地管理的衔接。用地预审阶段，不再对单独选址审批类的建设项目是否压覆重要矿产资源进行审查。用地报批阶段，在建设单位已与矿业权人就压矿补偿进行协商、市县人民政府承诺做好协调的前提下，可以办理用地审批手续。未签订补偿协议、未办理压覆审批手续的，各级人民政府不得转发用地批复、市县级人民政府不得供地。

3）与土地利用规划的衔接。市级规划编制阶段，应充分考虑压覆重要矿产资源情况，合理确定城市发展方向和新增建设用地布局。

4）与矿产资源储量统计的衔接。压覆审批的资源储量，由负责评审备案的自然资源主管部门及时更新录入矿产资源储量统计数据库。

当前压覆管理相关制度文件和政策要求总体保障了压覆管理的顺利开展，在促进矿产资源保护和合理利用、推进建设项目顺利落地、维护矿业权人合法权益、优化审批服务等方面发挥了重要作用。

第二节　存在的主要问题

新《矿产资源法》实施前，压覆管理中主要存在以下问题。

一、制度中存在的不足之处

（一）压覆非重要矿产资源的管理要求有待明确

国土资发〔2000〕386号文公告失效后，现行国家级压覆管理制度中缺少建设项目压覆非重要矿产资源情形的管理规定。虽然部分省份对压覆非重要矿产资源管理进行了积极有益的探索，但做法差异较大，有的参照压覆重要矿产资源审批管理明确由市级负责压覆非重要矿产资源审批，有的明确由省级负责审核，有的仅明确了要做好涉及矿业权人情形的补偿。已压覆非重要矿产资源储量是否纳入统计、如何纳入，也有待明确。

（二）可准以压覆的标准有待进一步明确

根据现行制度规定，除国务院及组成部门批准的重大项目外，其余建设项目不得压覆资源储量规模中型以上的炼焦用煤、富铁矿等12个矿种的矿区，但对于其他20多个重要矿产，可予以压覆或不可予以压覆的条件及标准不明确。实际工作中，绝大多数压覆审批申请以审批通过结束，压覆审批对重要矿产资源的保护作用未得到充分发挥，更多地是在履行压覆审批程序。

（三）与用地审批衔接机制有待改进

用地审批可与压覆审批同步推进的衔接方式，给压覆审批履行职能带来一些不便之处。因为建设用地由人民政府审批，一旦建设项目用地审批手续获得批准，压覆审批容易变成被动批准，压覆管理指导建设项目科学选址和促进重要矿产资源保护与合理利用的作用难以发挥，不利于对国家能源资源安全的保障。

（四）压覆管理后续跟踪和监管要求有待加强

1996年《矿产资源法》及现行压覆管理制度没有明确未经审批擅自压覆重要矿产资源的惩处措施和罚则等要求，无法通过法律手段形成有效的制约。实践中存在部分建设项目在压覆查询或审批后改线导致压覆重要矿产资源情况发生变化，但未重新履行压覆审批手续的情况。

二、执行中遇到的主要难题

（一）各地对不作压覆处理的理解有差异

虽然国土资发〔2010〕137号文提出的不作压覆处理概念为缓

解压覆审批管理任务起到了一些作用，但是在具体操作上存在难点，不少省（区、市）反馈如何判定不作压覆处理是一件棘手的事情。实践操作中，也存在各地对不作压覆处理的理解不同、所做细化规定有所不同，这些还有待从国家层面予以细化和统一要求。

（二）压覆补偿协议签订难

经梳理分析，压覆补偿协议签订难，主要有以下4方面因素。

一是规定压覆补偿要求的制度文件层级不高。1996年《矿产资源法》中没有压覆补偿相关规定，仅国土资发〔2010〕137号文规定了压覆已设置矿业权矿产资源的原则性补偿范围，但该文件属于部门规范性文件，层级不够，难以成为民法请求权基础，是压覆补偿纠纷和案例中经常争论的一个点。

二是国土资发〔2010〕137号文规定的压覆补偿范围对矿业权人的权益保护不够全面。根据《民法典》，矿业权与不动产权一样，均具有物权属性，但现行制度关于压覆补偿范围仅包括了被压覆资源储量在当前市场条件下所应缴的价款（无偿取得的除外）等直接损失，未考虑矿业权价值的损失、企业解除劳动合同及办理矿业权变更所需支出等费用，对矿业权人权益保障不足，矿业权人按规定签订补偿协议的意愿不高。

三是部分矿业权人对压覆审批后需变更矿业权范围的抵触较大，不愿意签订补偿协议。根据规定，压覆批准后，矿业权人应及时申请办理矿业权范围变更或注销手续。部分矿业权人对审批后需扣除被压覆资源储量和调整矿区范围的抵触很大，不愿放弃被压覆矿产资源的权益，或者不愿看到企业账面上资源储量数据的大量缩减。

（三）对未设置矿业权矿产资源征收补偿的做法缺少法律支撑

一方面，当前压覆管理规定从法律到制度均未要求对压覆未设置矿业权的矿产资源收取补偿费用，管理机关试图从矿产资源国家所有者角度去要求建设单位压覆此类资源时支付补偿没有依据。另一方面，党的十八以来，党中央国务院先后在《生态文明体制改革方案》《关于统筹推进自然资源资产产权制度改革的指导意见》等文件中明确提出建立健全自然资源有偿使用制度，要求“建立健全依法建设占用各类自然生态空间和压覆矿产的占用补偿制度，严格占用条件，提高补偿标准”。若不要求对压覆未设置矿业权的矿产资源进行补偿，很难指导建设项目少压未设置矿业权的矿产资源，矿产资源的国家所有者权益保障措施不足，可能导致国家出资查明矿产地的过度浪费。

（四）被压覆矿业权范围变更执行难

实际工作中被压覆矿业权主动申请矿业权范围变更的情况较少，为后期矿产资源管理及建设项目施工留下了隐患。深入研究分析其中原因，主要有以下三方面。一是矿业权人对压覆补偿不满意、未收到补偿款，不愿意按规定去申请办理矿业权变更或注销。二是矿业权人不能接受将被压覆矿产资源从矿业权范围上扣除，不愿面对大量矿产资源资产从账面消失及相应产权权益灭失的后果，或者还抱有再次利用压覆矿产资源的想法。三是现行监督督促矿业权人办理手续的处罚措施力度有限，无法有效督促矿业权人执行有关规定。

（五）与土地管理相关衔接的要求执行不到位

实际工作中，存在部分地方政府为了实现经济效益最大化而忽视压覆审批环节、直接供地的情况。在推行用地审批与压覆审批可同步进行的改革进程中，管理部门制定的“未签订补偿协议、未取得压覆审批批准的，省级人民政府不得转发用地，市（县）人民政府不得供地”的规定在实际工作中也执行得不是特别理想。

第三节　地方改革探索与土地草地征用做法借鉴

一、省厅压覆管理改革探索

近年来，各省厅在压覆管理方面进行了积极探索。例如，河南等明确对压覆省财政资金项目进行补偿，江苏等出台压覆矿产资源调查评估指南等技术文件要求，浙江等建立矿产资源压覆白名单，河北等细化不作压覆处理情形，广西等明确被压覆矿业权范围变更管理等。

（一）关于压覆未设置矿业权矿产资源补偿的探索

2016 年，河南省国土资源厅发文明确建设项目压覆省财政资金已发现矿产资源且投入工作量的，建设单位应予以补偿，补偿金额以基于经评审备案的压覆矿产资源评估报告进行的矿业权价款评估备案结果作为依据。补偿款缴纳不分期、不减免。

（二）关于区域性压覆矿产资源调查评估的改革探索

2015—2017年，江苏省自然资源厅先后发文部署工作，陆续开展市级、县级、开发园区等区域性压覆重要矿产资源调查评估工作，并形成了《江苏省区域性压覆重要矿产资源调查工作技术指南（试行）》，为开展和规范相关工作提供了技术参考和借鉴。

2019年以来，各省份积极探索，全面推进特定区域调查评估工作，形成了部分典型经验。浙江省厅明确将已经集中组织完成压覆调查评估、压覆审批及压覆数据录入矿产资源储量数据库的特定区域列入白名单并对外发布，白名单区域内建设单位无需再开展压覆调查评估，不再办理压覆查询或压覆审批。陕西省厅明确将确认无查明重要矿产资源或查明重要矿产资源已采空的纳入白名单并发布，白名单范围内建设项目无需再申请压覆审批。

（三）关于不作压覆处理情形的探索

2022年来，河北、江西、陕西等省份均有发文细化不作压覆处理情形，主要包括以下几种情形：①建设项目压覆区与上表单元、矿业权范围重叠，但建设单位编制的调查报告经专家评审后结论为无查明重要矿产资源分布的；②压覆地热、矿泉水等流体矿产地；③压覆白名单范围内矿产资源的；④压覆埋深大于1200米矿产地，或压覆固体矿产资源超过规定深度，或者双方可通过调整建设生产时序、先进技术等方式避免压覆的情况；⑤建设单位与矿业权人协商并依法签署互不影响协议，或经第三方评估机构论证并取得安全生产主管部门批准，认为建设项目与矿业权范围重叠但不影响正常矿产资源勘查开采且建设项目与矿业权人签订互保协议的；⑥拟建建筑物保护等级为Ⅲ、Ⅳ级，建设单位承诺不干扰矿业权设置，且具有相应资质矿山设计单位出具不影响矿产资源勘查开发利用论证意见的；⑦建设项目压覆区与已批复压覆区重叠的。

（四）与矿业权管理衔接改革

2024年，广西壮族自治区自然资源厅明确了做好压覆管理与矿业权管理衔接相关要求，明确建设单位与矿业权人已协商完成补偿但矿业权人不按规定办理矿业权范围变更或注销手续的，经建设单位提出申请和提供举证材料后，登记机关可责令矿业权人限期整改。逾期不办理的，由登记机关直接办理变更或吊销勘查许可证、采矿许可证。

二、土地征收与草原征占用相关管理做法借鉴

土地、草原与矿产资源都属于自然资源，土地征收和草原征占用与压覆矿产资源在管理上具有相似性，部分做法值得学习借鉴。

（一）土地征收管理要求

有偿使用方面，根据《宪法》和《土地管理法》规定，我国土地分为国家所有和集体所有，国家依法对国有土地实行有偿使用制度，但是国家在法律规定的范围内划拨国有土地使用权的除外。根据《划拨用地目录》，以划拨方式取得的土地使用权主要为公益性、非营利性的土地，而且后期改动为非公益性的，还需落实

有偿使用要求。这些说明国家对无偿占用国有土地进行了严格的限制。

关于土地征收和补偿范围管理，《土地管理法》规定，国家为了公共利益的需要，可以依法对土地实行征收或征用并给予补偿。根据《国有土地上房屋征收与补偿条例》，征收国有土地涉及地上房屋征收时，补偿应包括被征收房屋价值的补偿，因征收房屋造成的搬迁、临时安置的补偿，以及因征收房屋造成的停产停业损失的补偿。与国有土地上房屋相似，已设置矿业权矿产资源已明确了用益物权人，对于因压覆导致的矿业权人的损失补偿范围，可以参考国有土地上房屋征收与补偿相关规定。

（二）草原征占用审核审批管理要求

关于草原保护和征占用条件，《草原法》及相关制度规定，国家保护草原资源，实行基本草原保护制度，严格控制草原转为其他用地。矿藏开采、工程建设等应当不占或者少占草原。除国务院批准同意的建设项目，国务院有关部门、省级人民政府及其有关部门批准同意的基础设施、公共事业、民生建设项目和国防、外交建设项目外，不得占用基本草原。建设活动征占用草原应当符合下列条件：①符合国家的产业政策，不属于国家明令禁止征占用草原的项目；②符合所在地县级草原保护建设利用规划，有明确使用面积或者临时占用期限；③对所在地生态环境、畜牧业生产和农牧民生活不会产生重大不利影响；④征得草原所有者或使用者的同意；征占用已承包经营草原的，还应当与经营者达成补偿协议；⑤法律法规规定的其他条件。以上要求为分层级设立战略性矿产资源和分情形明确可申请压覆战略性矿产资源的建设项目条件提供了参考借鉴。

关于草原征占用补偿管理，《草原法》及相关制度规定，草原属于国家所有，由法律规定属于集体所有的除外。因建设征占用草原的，应当交纳草原植被恢复费，但建设用地申请最终未获批准的，林业和草原主管部门应退还申请人缴纳的草原植被恢复费。草原植被恢复费专款专用，用于恢复草原植被。根据国家发展改革委和财政部管理规定，各地区草原植被恢复费的收费标准，由所在地省、自治区、直辖市价格主管部门会同财政部门核定，并报国家发展改革委、财政部备案。目前各省（区、市）结合当地实际，主要按面积确定不同类型草地的收取标准。以上内容为建立健全矿产资源压覆有偿管理提供了参考借鉴。

第四节 政策建议

新《矿产资源法》中有关压覆审批管理条款将压覆重要矿产资源审批改为压覆战略性矿产资源审批，强化了与国土空间规划的衔接，明确了压覆涉及矿业权人的应予以补偿，提出了未批先建的法律责任等，已经从法律层面解决了现行压覆管理中存在的不少问题。针对压覆管理存在的问题，结合新《矿产资源法》有关最新规定，对下步研究起草《矿产资源法实施条例》等法规、制度文件提出以下意见建议。

一、充实完备压覆管理内容

一是明确非战略性矿产资源管理要求。在《矿产资源法实施条例》中明确对压覆非战略性矿产资源情形实行备案管理，要求建设单位按要求编制压覆矿产资源评估报告并报送自然资源主管部门进行备案。自然资源主管部门依据压覆评估报告将压覆资源储量数据纳入统计。

二是明确可申请压覆战略性矿产资源的建设项目条件。在法律法规或制度文件中明确确实无法避让时，建设项目可申请压覆战略性矿产资源的具体条件，为管理部门实施行政许可提供依据。具体操作上，建议参考土地征收和草原征占用管理，从两个层级明确可申请压覆战略性矿产资源的情形。第一个层级，通过矿产资源规划等行政管理，动态划定和调整“基本”战略性矿产资源（或称战略性矿产资源“保护红线”等），对战略性矿产资源实行严格保护和合理利用。然后进一步参考基本草原占用条件，明确可申请压覆“基本”战略性矿产资源的重大建设项目类型为国务院批准的建设项目，或国务院组成部门、省级人民政府及其有关部门批准同意的基础设施、公共事业、民生建设和国防、外交的建设项目，其余建设项目一律不得压覆“基本”战略性矿产资源。第二个层级，参考可征占用基本草原以外其他草原的条件，明确建设项目压覆“基本”

战略性矿产资源之外其他战略性矿产资源的，应具备以下条件：①符合国家产业政策；②压覆战略性矿产资源储量小于该矿种小型资源储量规模三分之一；③拟占地范围不属于国家明令禁止侵占的储备地、能源资源基地、规划矿区等矿产资源区域。

三是细化和完善不作压覆处理的认定条件。结合省厅改革探索，建议将不作压覆处理情形总体归纳为以下两大类：①建设项目压覆区与矿业权范围或地质勘查项目范围重叠但与查明资源储量空间范围不重叠；②建设项目压覆区与查明资源储量范围重叠但可通过双方调整施工时序、利用先进技术等方式实现不影响矿产资源勘查开采。不作压覆处理的最终认定还需要完成技术安全论证且建设单位与矿业权人等权益人签订互不影响协议。

四是加强监督管理，完善监管手段和惩戒措施。首先，建立常态化工作机制，加强对建设项目落地实施及实际压覆矿产资源情况跟踪。如将建设项目压覆矿产资源纳入年度卫片执法检查，重点查处建设项目未经审批压覆战略性矿产资源、已批改线但未重新履行审批手续等违法违规行为。其次，强化诚信信用约束，明确通过“信用中国”等信用信息平台对压覆管理涉及失信单位和其相关责任人员进行联合惩戒，督促各方主体切实落实压覆管理要求，充分发挥压覆管理职能。

二、健全完善有偿压覆管理要求

一是在行政法规中进一步明确有偿压覆制度。在《矿产资源法实施条例》中明确建设项目压覆的矿产资源无论是否设置矿业权，建设单位都应给予公平、合理的补偿，为健全完善有偿压覆制度提供法规依据。压覆未设置矿业权查明矿产资源的，建设单位应向国家支付补偿，切实保障矿产资源国家所有者权益。对于政府投资项目压覆未设置矿业权矿产资源，但属于关系重大民生和社会公共利益建设项目的，建设单位可向国家申请对补偿费用予以减免。

二是细化和完善压覆补偿标准。参照《民法典》《资产评估法》及国有土地上房屋征收补偿、草原植被恢复费征收标准等，制定出台相关政策文件和技术标准，分情形分类别制定压覆补偿标准，规范压覆补偿相关管理和技术工作，尽量减少不必要的矛盾和纠纷。

对于压覆已设置矿业权矿产资源的，参考借鉴国有土地上房屋征收补偿范围，建议重点从以下三方面确定建设单位应对矿业权人给予的补偿：①被压覆矿业权价值补偿；②因压覆造成的矿业权范围变更、劳动合同解除、相关设施搬迁等的补偿；③前两项之外，因压覆造成的其他可得利益损失的补偿。

对于压覆未设置矿业权矿产资源的，参考借鉴草原“恢复费”管理要求，建议重点从保障矿产资源国家所有者权益方面确定建设单位应向国家支付的矿产资源“恢复”费，或者称为找矿成本。矿产资源“恢复”费，可以结合矿种类别、地质勘查程度、查明矿产资源储量等情况综合定价，具体定价规则由各省（区、市）研究核定后，报自然资源部、财政部备案。矿产资源“恢复”费的总体定价不应过高，重点体现找矿成本，且专款专用，优先安排用于支撑地质找矿；建设单位最终未获得用地审批许可的，矿产资源“恢复”费应予以退回。

三是探索建立压覆补偿资金第三方监管工作机制，规范压覆补偿流程。为督促建设单位、矿业权人高效履约，充分保障双方权益和加强过程监管，建议参考房屋买卖交易资金监管模式，在补偿协议签订、补偿费用支付、矿业权权属范围变更过程中引入第三方资金监管机构对双方履约过程进行监管。流程设计为，双方签订补偿协议—建设单位按要求将补偿费用汇入第三方监管账户—矿业权人收到第三方监管账户的首付款后，启动矿业权范围变更—完成变更后，监管账户将压覆补偿尾款转给矿业权人。

三、优化调整压覆管理流程

一是严格和优化压覆查询管理。首先，严格执行建设项目论证阶段的压覆查询要求。建议在《矿产资源法实施条例》或相关制度文件中强化压覆查询的刚性约束条件，对未按要求开展压覆查询的建设项目，不予受理其用地预审申请。其次，吸收省厅改革探索经验，进一步深入推进区域性压覆矿产资源调查评估，将经调查评估确认无已查明矿产资源的区域纳入白名单，实行动态更新调整，并向社会公布。区域内建设项目，可根据公布的白名单申请办理用地预审或用地报批手续，减轻企业负担，优化服务。再者，进一步优化完善压覆查询系统建设，加强与国土空间规划、矿产资源现状相关数据库的衔接，将国土空间规划“一张图”纳入查询范围，方便快速、全面查清拟建项目范围涉及矿产资源、矿业权情况。

二是调整补偿协议和压覆审批申请顺序。考虑到压覆审批是为保障国家能源资源安全而设立的一项行政审批职能，其作出准予或不准予压覆应主要从保障国家能源资源安全角度出发，与该区域矿产资源是否已设置矿业权、是否已签订协议没有必然关系。因此，建议取消将签订压覆补偿协议作为审批要件的要求，减少补偿协议对压覆审批程序的牵制，加速推进压覆审批服务流程。但与此同时，为保障矿业权人合法权益的实现，建议明确建设单位未完成压覆补偿支付的，省级人民政府不得转发用地批复，市（县）人民政府不得供地。

三是捋顺压覆审批与用地审批工作的衔接机制。与土地、草原相似，战略性矿产资源也是我国具有高度战略意义的资源资产，应严格约束条件，尽量不压或少压，更好保障国家能源资源安全。为促进战略性矿产资源保护与合理利用，建议参考草原管理规定，将压覆审批设置为用地批准的前置条件，明确建设项目应在自然资源主管部门向相应人民政府呈报建设项目用地审查批准前取得压覆审批许可，避免压覆审批“被动”批准，更好发挥压覆审批对战略性矿产资源的保护作用，强化矿产资源安全保障。建议调整优化后的压覆管理流程见图 11-1。

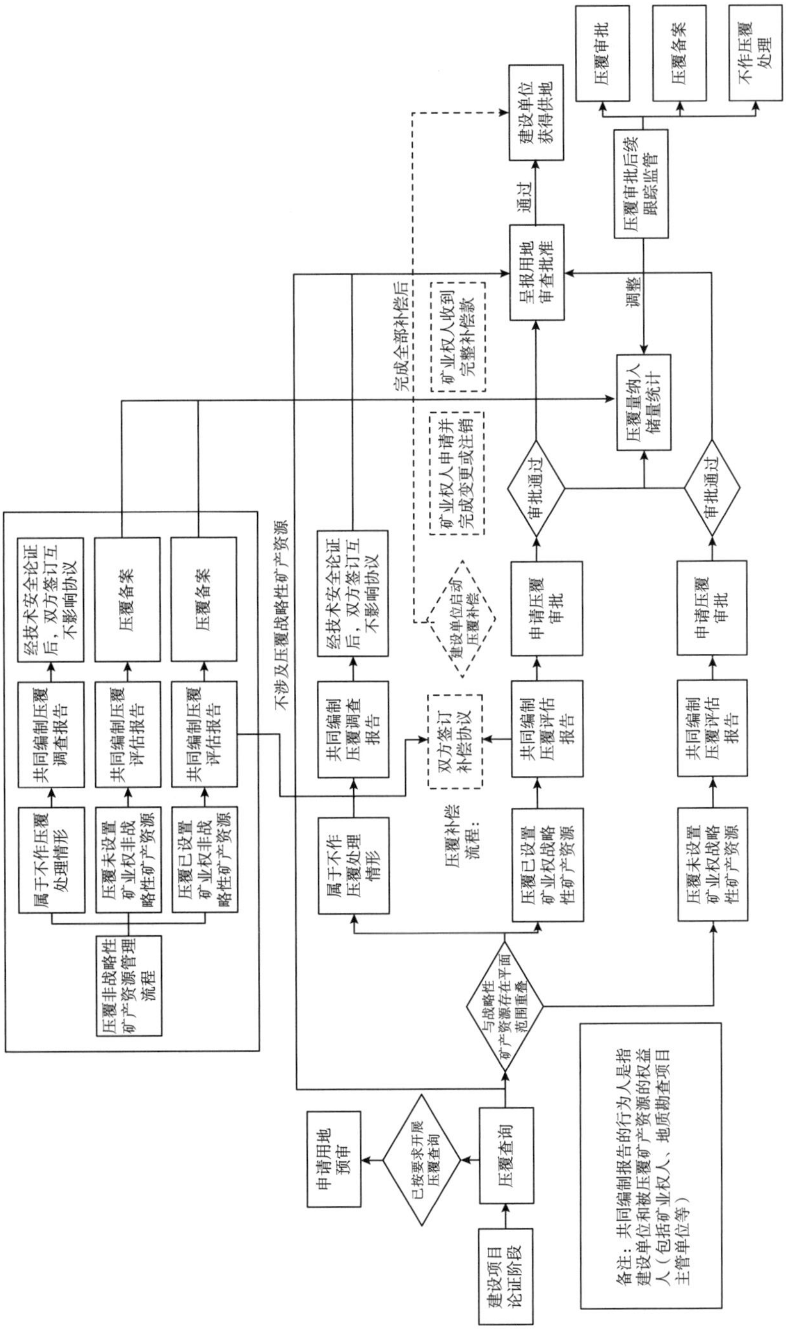

图 11-1 建议调整优化后的压覆管理流程

第十二章

全过程监管

矿产资源勘查开采全过程包括从矿业权人取得勘查许可证开始勘查作业，到发现资源提交矿产资源储量报告，取得采矿许可证开始开采作业，到完成矿山关闭、矿山地质环境保护与土地复垦工作，最后注销采矿权的全过程。新《矿产资源法》建立了新的勘查开采许可制度，矿业权人需按照经批准的勘查方案、开采方案和矿区生态修复方案（简称“三个方案”）进行勘查开采活动，按照三个方案进行勘查开采全过程活动成为事中事后监管的重要内容，新的矿产资源管理方式下应进一步加强审批和监管衔接，推动矿产资源勘查开采活动全过程闭环监管，促进矿产资源的勘查、开发利用和保护。

第一节　勘查开采监管沿革

主管部门通过采集矿业权人年度勘查开采信息，并对信息进行

（本章执笔人：文雅萍、刘启鹏）

抽查检查的方式开展矿业权人勘查开采监管，先后经历了年检和督察、信息公示等阶段。

一、年检和督察阶段（1991—2015年）

年检即矿业权年度检查，由矿业权人每年在规定时间向主管部门主动提交矿产资源勘查项目和开采项目年度报告并接受主管部门书面审查和抽查，年度报告反映了矿业权人当年勘查开采进展和法定义务履行情况。1991年，地质矿产部建立了年检制度。国土资源部自2003年起多次发文规范年检程序和方式，年度报告内容、范围，并在2012年要求年度报告提交方式从传统纸质改为网上报备（油气除外）。1990年地质矿产部首次组建矿产督察员队伍，2001年国土资源部进行了队伍重组，并于2003年组建油气督察员队伍。

年检有效掌握了矿业权人勘查开采工作进展，督察在督促矿业权人履行法定义务、节约与综合利用矿产资源发挥了重要作用，但总体上监管过程相对封闭在矿业权人和主管部门，缺乏社会监督，制约手段有限，矿业权人通常被动配合接受监管，矿业权人主体责任难以真正落实。

二、信息公示阶段（2016—2024年）

2015年9月，国土资源部印发了《矿业权人勘查开采信息公示办法（试行）》（国土资规〔2015〕6号）（简称“公示办法”）

取代年检制度，要求矿业权人通过公示系统填报年度勘查开采信息并对外公示，主管部门以“双随机、一公开”方式对信息进行抽查检查，检查结果对外公示，启动矿业权人异常名录和严重违法名单管理，并在行政管理、专项资金申请等方面依法予以限制或禁入。

与年检相比，信息公示有效扩大社会监督，强化了信用约束，解决了年检和督察制约手段有限的问题，矿业权人从被动检查到主动公示，主体责任进一步落实，检查程序更加透明，避免了主管部门检查随意性，促进了矿业权人和主管部门双方诚信自律。

三、信息公示新阶段（2024 年—）

2024 年 5 月，自然资源部印发《矿业权人勘查开采信息管理办法》（自然资源部令第 13 号），是目前开展矿业权人勘查开采信息公示监管的直接依据。

与公示办法相比，自然资源部令第 13 号制度层级更高，从规范性文件升级为部门规章；公示信息减少了矿业权人勘查开采活动关联性不强信息，切实减轻了矿业权人负担；信用监管更加规范，完善了异常名录管理，对于非主观故意、轻微失信行为且及时整改的可不列入，有利于矿业权人发现问题后及时纠正；对严重失信名单管理作出了调整，名单列入具有严格的告知、陈述申辩、决定等程序，规定要及时移出，减少对矿业权人负面影响，体现了对矿业权人合法权益的保护。

第二节 勘查开采监管现状与问题

一、监管现状

（一）监管部门和人员队伍

按照自然资源部三定方案，矿产资源保护监督司承担“监督指导矿产资源合理利用与保护”职责，各级矿产资源保护监督部门主管行政区内信息公示工作，各级矿业权管理、生态修复、储量管理和安全生产等职能部门按照职责分工协同参与监管。各级事业单位，授权承担日常巡查、实地核查等事务工作。此外，专家库、委托专业机构、油气督察员作为专业技术力量支撑监管工作。

（二）监管方式

信息公示是现阶段勘查开采主要监管方式，开发利用水平调查评估、日常监管和重点矿区监测是信息公示监管的重要补充。

1. 开发利用水平调查评估

为落实《生态文明体制改革总体方案》提出的建立完善资源总量管理和全面节约制度的要求，2016 年 12 月，国土资源部启动矿产资源开发利用水平调查评估工作，评估以采矿权为对象，以考核开采回采率、选矿回收率、共伴生矿产综合利用率（以下简称“三率”）指标为手段，对开发利用水平分级划档，目标是促进资源合理开发利用。2024 年 2 月，自然资源部发布《关于印发矿产资源开发利用水平调查评估办法（试行）的通知》（自然资发〔2024〕29号），评估工作进入常态化。

2. 日常监管

《关于健全完善矿产资源勘查开采监督管理和执法监察长效机制的通知》（国土资发〔2009〕148号）明确要求各级主管部门在督察和年检之外，必须加强对矿业权人的日常监管，对矿业权人勘查开采和矿山地质环境治理、土地复垦情况进行重点监管。

3. 重点矿区监测

2024年7月，自然资源部办公厅、国家林业和草原局办公室联合发布《关于建立矿产资源领域直插到底发现问题解决问题硬措施工作机制的通知》（自然资办函〔2024〕1526号），启动重点矿区动态监测工作。重点监测矿区日常巡查要求在产矿山每月至少巡查1次，至少抽查3处边界拐点，重点巡查标识牌、矿石和尾矿堆放、土地占用、越界和无证开采等内容，此外重点监测矿区须纳入实地核查名单，重点核查破坏生态修复、破坏林地草原和违法违规行为等情况。

（三）监管内容

上述监管方式中，监管内容总体上围绕《矿产资源法实施细则》《矿产资源勘查区块登记管理办法》《矿产资源开采登记管理办法》规定的履行法定义务情况和合理开发利用资源情况进行，不同监管方式在监管内容上对法定义务有所侧重。

信息公示中矿业权人公示信息包括费金缴纳、开工报告、批准范围内勘查、综合评价共伴生资源、勘查投入、勘查完毕后封填井硐、编制勘查成果报告、批准范围内开采、采矿权标识牌、资源保护和利用情况及指标、矿区生态修复、汇交地质资料等法定义务履行情况。开发利用水平调查评估是专门针对采矿权人矿产资源保护和合理利用义务履行情况的监管，通过评估矿产资源“三率”指标，对矿业权人开发利用水平进行分级划档。日常监管强调对采矿权标识制度落实以及矿山地质环境治理、土地复垦等义务履行情况进行重点监管。重点矿区监测重点针对违法违规行为，目的是促进及时发现和查处矿产资源开发过程中超越批准范围开采、破坏生态等违法违规行为。

（四）监管信息化平台

全国矿业权人勘查开采信息管理系统（简称“信息管理系统”）是信息收集和管理的重要载体，也是目前信息公示工作依托的主要信息化平台。矿业权人可进行信息填报、更正、补报和公示等操作；管理机关可进行填报跟踪与数据管理、随机和专项抽查、实地核查结果填写、异常名录列入和移出等操作；社会公众可进行年度信息、核查信息、异常名录信息查询及举报等操作。

二、存在的主要问题

（一）信息公示主管部门和矿政职能管理部门之间职责和履职边界有待进一步明确，监管工作人员专业性仍有差距

信息公示填报的信息，除勘查投入、开发利用指标、储量数据等以数字形式填报外，其余法定义务履行情况均以“是”或“否”

形式填报，信息公示主管部门通过查阅法定义务履行结果凭证来判定“是”和“否”的真实性，比如查阅复垦验收证明来判断是否履行了环境恢复和土地复垦义务，但是复垦验收是否及时、是否合规则无法深入判断，应由矿业权人按照职能部门规定的标准和程序实施，信息公示主管部门的监管职责，不能完全替代和等同于职能部门管理职责。

信息公示实地核查中需判别是否综合利用共伴生资源、对不能利用的共伴生资源是否采取保护性措施、是否存在破坏性开采，并核算“三率”指标等，对核查人员专业性要求较高，现阶段尤其市县基层部门随机抽取的核查人员专业水平有限，距离专业性要求有较大差距。

（二）监管方式与内容

1. 依据勘查实施方案和开发利用方案监管落实不到位

《市县级国土资源主管部门矿产资源监督管理暂行办法》（国土资发〔2003〕17号）明确提出要对方案“执行情况”实施监管。《监督管理长效机制的通知》要求地方各级主管部门要按照开发利用方案加强合理开发利用矿产资源的监管。但从以往抽查核查结果来看，方案执行情况监管难以严格落实，一方面由于方案在实际勘查开采过程中往往会发生变化，随着工作量和地质认识不断加深，方案发生变化是真实客观存在的，矿业权人无法按照原方案执行。为此，2021年对方案执行情况监管作出了调整，《自然资源部办公厅关于做好2021年矿业权人勘查开采信息公示工作的通知》（自然资办发〔2021〕23号）中提出“为进一步落实‘放管服’改革要求，在信息公示核查工作中不再对年度最低勘查投入情况和勘查实施方案、开发利用方案具体执行情况进行检查”。另一方面方案调整备案制度落实不到位，在《关于规范矿产资源勘查实施方案管理工作的通知》（国土资厅发〔2010〕29号）中规定了探矿权人需要对勘查实施方案进行调整的，应及时向登记管理机关备案。目前对矿业权人在方案调整后不及时备案没有相应的管理措施限制，也影响了方案执行情况监管责任落实。

2. 出让合同特别规定事项未纳入事中事后监管内容

出让合同除权益金缴纳、勘查投入考核、资源利用与保护、生态保护、安全生产等勘查开采管制性要求及约定外，有的对勘查投入和实物工作量完成比例进行额外或特殊约束，目前监管内容中未纳入出让合同额外和特别规定事项。

3. 勘查开采活动重点环节监管有待进一步加强

开工报告是探矿权人启动勘查作业前的重要节点，但在实地核查中发现开工报告格式和要求各地不一，或以用地审批手续等同于开工报告。油气探采合一报告是油气从勘探阶段过渡到开发阶段的一个重要节点，启动实施以来，石油公司向登记机关提交了1300余条探采合一报告，这些探采合一报告区块是否及时提交储量评审备案并按照规定时间转采，以及资源开发利用和保护情况等缺乏必要的监管。

（三）监管信息化平台

2025年新升级上线的信息管理系统采取自动抓取方式获取各职

能部门管理信息，系统目前仍存在出让登记信息、储量管理信息、生态修复情况、行政处罚信息等数据获取不及时、内容缺失等问题，系统矿业权底数中非油气矿业权停产或者矿业权到期项目较多，存在“僵尸”矿业权，需在各级矿业权登记部门协同参与下逐步清理。

第三节　新矿法下勘查开采监管面临的新要求

一、明确了监督管理职责和矿产资源督察的法律地位

按照新《矿产资源法》第十四、四十四条规定，监管职责不仅涉及自然资源主管部门，还涉及生态环境部等有关部门，应厘清各自监管职责和履职边界，发挥各部门管理领域专业优势。此外明确赋予各级人民政府加强矿产资源保护，在矿区生态修复方面统筹和监督管理等法定职责，同时明确了矿产资源督察的法律地位，督察对象是省、自治区、直辖市人民政府，督察内容是矿产资源开发利用和监督管理情况。与勘查开采监管不同，督察主体是国家督察机构，对象是各级人民政府，两者彼此联系互相促进，督察倒逼监管，推动落实政府监管主体责任。

二、更加重视矿产资源合理开发利用

新《矿产资源法》第三十九条对矿产资源合理利用提出明确要

求，包括应当采取合理的开采顺序、开采方法，并采取有效措施确保“三率”指标达到要求，应当综合开采、综合利用和保护共生、伴生矿产。按照新《矿产资源法》要求，一方面应制定和完善更加科学的采矿权开发利用水平评估与考核机制，另一方面，对监管人员在开采顺序、方法，在共伴生矿产综合利用判断，“三率”指标核算与检查过程中的专业性和能力水平提出了更高要求，也更加凸显目前监管人员专业性不足的问题。此外，新《矿产资源法》建立了战略性矿产资源特殊保护制度，战略性矿产在“三率”指标考核工作中应加以特殊对待。

三、三个方案执行情况是勘查开采全过程监管内容

新《矿产资源法》建立了新的勘查开采许可制度，矿业权人需按照经批准的方案进行勘查、开采作业和矿区生态修复。方案是勘查开采活动事前审查许可事项，作为监管对象的矿产资源勘查开采活动应依据方案实施，方案执行情况成为矿产资源勘查开采全过程事中事后监管的重要内容。新的管理方式对勘查开采过程中方案动态管理，方案执行情况监管提出更高要求，也对方案的科学设置提出要求。

四、生态修复是勘查开采活动全过程监管中的必要一环

新《矿产资源法》明确“加强矿产资源和生态环境保护”的立法

目的，首次设立矿区生态修复专章，规定监管对象是“勘查、开采和矿区生态修复等活动”，应将生态修复作为勘查开采活动全过程关键组成部分纳入监管。此外新《矿产资源法》规定“采矿权人的生态修复义务不因采矿权消灭而免除”“国家鼓励社会资本参与矿区生态修复”，这对监管手段上如何规避并减少生态修复义务“无人承担”提出更高要求，也对通过经济手段保障生态修复活动提供了依据。

第四节　完善勘查开采全过程监管的建议

完善新《矿产资源法》下适合于我国国情的矿产资源勘查开采活动全过程监管机制，强化事前审查、事中、事后监管的联系和互相促进，形成监督管理闭环。

一、提高监管队伍专业性，厘清监管和职能部门职责分工，构建勘查开采全过程监管共同责任机制

加强矿产资源监管技术力量，培育形成监管专业队伍。一是建立适合本地区矿产特点的涵盖地质、采矿、选矿等多个专业的监管队伍，根据被核查矿业权设置核查人员专业，比如采矿权核查中加大采选矿专业人员。二是尝试建立相邻省份专业人员共用工作机制，互相补充专业力量。三是建立油气督察员考核与评价机制，通过油气督察员核查工作参与频次、职责完成情况等开展评价，评价结果

反馈本人所在单位，逐步提高油气督察员工作积极性，维护油气监管技术队伍权威性。

进一步明确内部职能部门职责与分工，加强协作配合。应进一步细化矿产资源保护监督与矿业权管理、资源储量、生态修复、执法等内部职能机构的监管职责分工，信息公示主管部门不能代替职能部门行使管理职责，各内部机构应加强在全过程监管中的协作，尤其在重点监管对象甄别、监管信息共享、抽查检查、违法线索移交等方面。

各级人民政府统筹协调，构建勘查开采全过程监管共同责任机制。按照新《矿产资源法》，各级人民政府具有加强矿产资源保护的法定职责，勘查开采全过程监管涉及自然资源部、生态环境部、矿山安全监察等有关部门，同时自然资源督察机构也将参与其中，可由各级人民政府主导进行有关部门间的协商共治，提高决策层级别，形成监管合力，定期共同研究监管争议事项，推动解决重大争议和重点问题。

二、做好审批和监管环节衔接，明确矿产资源勘查开采全过程各阶段监管重点，突出重点环节监管

（一）科学制定方案和合同主要内容，完善方案调整备案制度，落实矿业权人方案备案主体责任和主管部门监管责任

1）方案主要内容。勘查方案内容以约定勘查阶段升级部署和勘探进度计划为主。减少对矿业权人勘查投资、具体实施的勘探实物

工作量内容，出让合同中有明确勘查投资规定的除外。开采方案内容以“三率”设计指标为主，在开采方案中明确开采顺序、开采方法和“三率”设计指标，减少提交采矿权申请时其他要件信息和法定义务履行要求内容，如资源储量与估算设计利用资源量，如绿色矿山建设内容。矿区生态修复方案内容以滚动修复工作计划为主，明确阶段目标、计划完成时间节点。

2）加强方案调整动态管理，完善方案的调整制度。明确三个方案重大事项变更情形，包括矿种、范围、开采方式等许可证的证载信息变更的，应要求矿业权人重新提交方案并获得审批。简化除重大事项变更外的方案调整备案程序，可采取报告方式向管理机关备案，明确非重大事项调整报告适用情形、报告方式、调整内容和前后对比等关键信息要求，形成方案动态监测机制，做好方案调整备案情况、合同约定事项等信息推送和共享，为事中事后监管提供依据。

3）出让合同内容。出让合同内容以勘查投入、出让收益和权益金约定为主，各级出让部门可根据地区规划、矿种、地方经济发展情况，对勘查投入等进行特殊约定。

（二）明确勘查开采全过程监管重点，行政检查和经济手段兼施

勘查开采活动全过程监管框架见图 12-1。

1）勘查阶段。重点核查勘查进度和阶段升级是否与方案部署计划一致，通过查阅勘查成果报告确认升级情况。加大出让和监管联动，资源条件不同，勘探程度低的地区应分类考核，可通过核减面

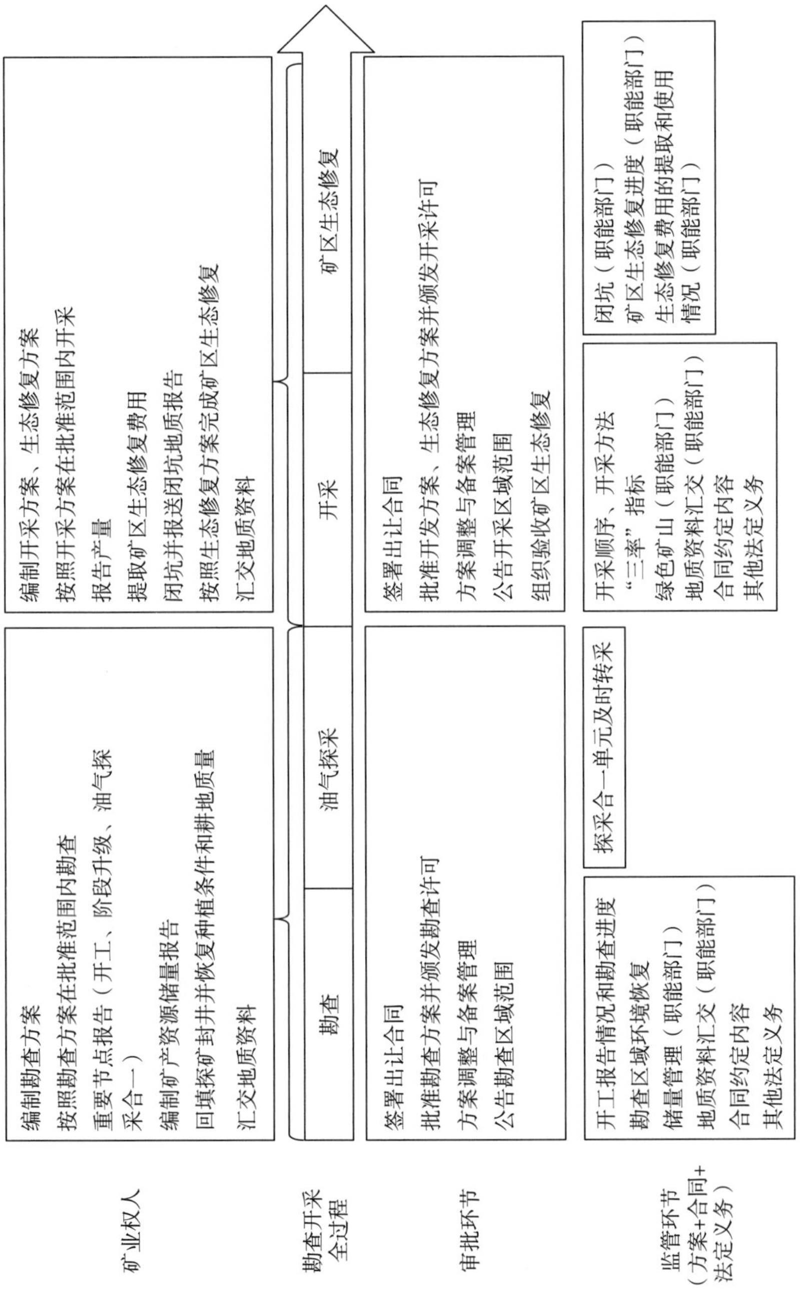

图 12-1　勘查开采活动全过程监管框架

积、阶梯勘查投入和不同出让收益率调节等经济手段促进矿业权人加大勘探。对油气探采合一报告区块，监督其是否按规定缴纳矿业权出让收益，对报告时间久、开采量大的项目，核查其探采合一报告区块勘查开采进展是否和提交的探采合一计划中转采进度一致，督促及时转采。

2）开采阶段。重点核查开采顺序、开采方法，以及核算实际“三率”指标与设计指标是否一致，是否满足最低“三率”指标。“三率”指标与开采矿种，企业经济规模、性质、技术人员水平直接相关，仅通过行政手段难以持续维系矿业权人主动履行合理开发利用义务，应制定和完善更加科学的激励性政策措施提高“三率”指标，分类制定采各矿种“三率”最低指标管理要求，对于战略性矿产和能源矿产，严格限制不符合“三率”最低指标情形，对于找矿技术难度大、勘探开发技术风险和勘探成本高的矿种，以激励先进带动整体为出发点，树立标兵开发示范企业，引导采矿权人主动履行节约与综合利用义务。

3）矿区生态修复阶段。重点核查矿区生态修复是否与矿区生态修复方案中滚动计划阶段性目标一致。动态管理矿区生态修复基金计提，根据矿业权人产量数据并结合生态修复滚动计划，定期更新动态核算生态修复基金，确保生态修复基金满足生态修复支出成本。各级政府可成立公共生态修复基金，矿业权人作为社会责任承担方共同参与基金，允许在合理范围内引入以盈利为目的的社会资本参与公共基金，政府应给予必要财政支持。

（三）落实各级主管部门日常监管责任，统筹开展信息公示抽查检查、日常巡查和重点矿区监测工作

充分调动各级自然资源主管部门，加强重点环节日常监管，包括落实基层主管部门标识牌监制责任，督促矿业权人在获得许可证后按照要求制作标识牌和界桩，降低超越批准范围勘查开采问题产生的可能性，制定统一的开工报告格式和程序，督促矿业权人落实开工报告主体责任。突出重点领域监管，遴选问题集中、举报线索较多区域，结合舆情监测和有关督察违法情况通报，动态调整重点监测矿区清单。

三、以信息管理为抓手，加强勘查开采活动全过程信息归集，形成信息公示主管部门和职能部门齐抓共管局面

（一）规范全过程信息归集，明确信息管理范围

以现有信息管理系统为基础数据平台，将勘查开采活动启动前审查信息和活动过程中重要节点信息等纳入信息管理范围，为抽查检查环节中信息比对提供数据基础。一是将三个方案、合同特殊约定事项等事前审查许可信息中的关键内容提取形成数据项，方案调整后更新对应数据项，数据项可包括勘查升级和进度时间节点，设计开采顺序、开采方法、“三率”设计指标，滚动修复工作内容和时间节点。二是开工报告、勘查阶段升级、探采合一、采出矿产、闭坑等重要节点信息，重要节点信息应由矿业权人在行为发生后规定

期限内及时填报，不采用按年度填报。

（二）提高职能部门管理信息共享质量

完善管理信息共享规则，明确数据来源，统一数据格式，畅通矿业权管理、储量管理、生态修复和执法等部门日常管理信息共享机制。信息公示主管部门和职能部门在同一平台下，依据调整备案后的勘查方案、开采方案、生态修复方案，结合重要节点信息和年度勘查开采信息协同开展“双随机、一公开”抽查核查和日常监管。

第十三章

联合监督检查

矿产资源勘查开采监督检查是矿产资源保护监督的重要抓手，是高水平促进高质量发展的重要保障，开展的主要检查事项包括：矿业权人勘查开采信息管理实地核查、绿色矿山实地核查、矿产资源开发利用水平调查评估数据质量核查、矿产资源储量统计质量监控核查、矿业权和地质工作项目汇交信息监督检查、矿山地质环境保护与土地复垦监督检查实地核查等 6 项。本章通过梳理 6 项监督检查活动和当前矿产资源管理面临的新形势和新要求，提出了“多事合一”的联合检查建议。健全矿产资源勘查开采监管事项联合检查制度，有利于形成监管合力，切实减轻基层负担。

第一节 矿产资源勘查开采监督检查体系

一、矿业权人勘查开采信息管理实地核查

2015 年 9 月，《国土资源部关于印发矿业权人勘查开采信息公

（本章执笔人：黄梦曦、刘启鹏）

示办法（试行）》（国土资规〔2015〕6号），建立了矿业权人勘查开采信息公示制度。2024年5月，自然资源部令第13号公布《矿业权人勘查开采信息管理办法》，进一步规范了以信用为基础的矿业权人勘查开采信息管理工作，对矿业权人勘查开采信息填报、公示、核查、严重失信主体认定和矿业权人异常名录管理等作了具体规定。省级以上自然资源主管部门按照“双随机、一公开”监管要求，制定核查方案，随机抽取一定比例的勘查项目和矿山，组织实施矿业权人勘查开采信息公示情况核查工作。

《矿业权人勘查开采信息实地核查技术要求》确定核查内容主要包括行政许可相关核查内容，勘查阶段核查内容，开采阶段核查内容，行政处罚和整改情况核查以及其他方面核查内容。

核查对象以所有应填报勘查开采信息的矿业权（即除去至最迟填报日不满六个月的上一年度设立的所有矿业权）为底数，按10%比例随机抽取或重点抽取。

检查主体。海域油气矿业权的抽取和核查由自然资源部负责；其他矿业权由省级以上自然资源主管部门抽取检查名单，县级以上自然资源主管部门组织核查。

检查时间节点。按年度开展，1—3月，矿业权人在信息管理系统填报信息；4—5月，自然资源部和省级自然资源主管部门分别确定核查名单；6—9月，各级自然资源主管部门建立核查组、开展实地核查；10—12月，在信息管理系统公示核查结果。

检查方式。按照“双随机、一公开”原则开展内业与实地核查。

矿业权人勘查开采信息管理实地核查涵盖的专业范围较广、综合性较强，侧重点在于矿业权人填报信息的真实性、一致性、准确性。

二、绿色矿山实地核查

2024 年 4 月，自然资源部等 7 部门联合印发《关于进一步加强绿色矿山建设的通知》（自然资规〔2024〕1 号），要求开展绿色矿山建设，强化监督考核。自然资源主管部门负责矿山“三率”（开采回采率、选矿回收率、综合利用率）监管、矿山地质环境保护与土地复垦方案等执行情况的监管。

核查对象包括三类，一是通过第三方评估的、拟纳入省级绿色矿山名录的矿山企业，二是从省级名录中择优推荐的、拟纳入国家级绿色矿山名录的矿山企业，三是已在绿色矿山名录中的、按年度和不低于 10% 的比例抽取检查的绿色矿山。

检查主体。对于拟纳入绿色矿山名录矿山企业开展的核查，主体为部、省级自然资源主管部门；对于已在绿色矿山名录中的矿山企业，主体为各级自然资源主管部门。

检查时间节点。对于拟纳入省级、国家级绿色矿山名录的矿山企业，不定期开展核查；对于已在绿色矿山名录中的矿山企业，按年度随机抽取检查名单。

检查方式。对拟纳入省级或国家级绿色矿山名录的矿山企业，全部开展实地核查；对已在绿色矿山名录中的矿山企业按照“双随机、一公开”原则。

绿色矿山实地核查侧重点在于核查对象的各方面是否达标，属于合格性检验。2025 年 1 月，自然资源部制定了《国家级绿色矿山名录移出管理工作要求》（自然资办函〔2025〕68 号），规范国家级绿色矿山名录（以下简称名录）动态管理，进一步规范国家级绿色矿山名录移出管理工作。

三、矿产资源开发利用水平调查评估数据质量核查

2024 年 2 月，自然资源部印发《矿产资源开发利用水平调查评估办法（试行）》（自然资发〔2024〕29 号），建立常态化矿产资源开发利用水平调查评估制度，要求开展对矿产资源开发利用产业链前端采选环节的“三率”、矿产资源节约与综合利用先进适用技术研发应用推广以及低品位难选冶矿产资源利用等有关情况的综合调查。

核查对象。需要进行实地核查的核查对象为上年度证照齐全、合法有效且正常生产的矿山企业。

检查主体。检查主体为县级自然资源主管部门。

检查时间节点。按年度开展：1—3 月，矿业权人填报信息；县级自然资源主管部门开展基础数据采集、实地核查、质量管控等工作，10 月底前完成调查评估数据质量核查；调查评估成果 12 月 10 日前完成并报省（区、市）。

检查方式。以矿业权人勘查开采信息管理系统的公开信息为数

据基础，结合勘查开采信息管理抽查核查工作开展。

调查评估数据质量核查的重点是矿山企业开发利用数据指标超高或超低值、信息异常等情况，以矿业权人勘查开采信息管理系统的公开信息为数据基础，不额外增加企业负担。可以对特定问题组织专项检查。各级自然资源主管部门采取多种措施推动矿业权人如实、准确填报相关信息，加强对公示公开数据质量管理。

四、矿产资源储量统计质量监控核查

2020 年，自然资源部印发了《自然资源部关于做好矿产资源储量统计工作的通知》（自然资发〔2020〕158 号），构建了新分类标准下的统计制度。2021 年，自然资源部为综合评估、控制和提升数据质量，印发了《矿产资源储量统计质量监控工作指南》（自然资办函〔2021〕999 号），建立常态化的质量监控机制，按年度对统计数据开展全面核查、重点检查和综合评估。

核查对象有两类，一是填写矿产资源储量统计相关数据表的矿业权人，二是各级自然资源主管部门。

检查主体。对矿业权人的核查主体为部和省、市、县级自然资源主管部门（石油、天然气、页岩气、放射性矿产的储量核查由自然资源部开展）；对自然资源主管部门的核查主体为上一级自然资源主管部门。

检查时间节点。按年度开展：1—4 月，自然资源部确定传达重点检查工作内容。5—8 月，省和部油气中心分别核查，部完成对各省的实地重点检查和综合评估，部和省向下级自然资源主管部门和相关矿业权人反馈统计质量监控结果和整改要求。9—11 月，省级和部分别检查市县和相关单位落实整改情况。12 月，部通报矿产资源储量统计质量监控工作情况，约谈相关单位。

检查方式。矿产资源储量统计质量监控按照全面核查和重点检查相结合的方式开展。“全面核查”指通过运用数据查询比对、逻辑检查和信息化技术手段对数据开展校核；重点检查是指现场查阅对比储量统计基础表、矿山储量年报、矿产资源储量评审备案文件等材料的方式。

五、矿业权和地质工作项目汇交信息监督检查

2020 年 5 月，自然资源部办公厅印发了《关于进一步做好地质资料汇交管理的通知》（自然资办函〔2020〕791 号），要求矿业权人按规定汇交本矿业权有效期内已开展的各类地质工作所形成的地质资料。各级自然资源主管部门通过地质资料信息管理服务系统和门户网站及时向社会公开矿业权和地质工作项目汇交信息等监管信息，接受社会监督，按照“双随机、一公开”要求对上述信息定期开展监督检查，公开检查结果。

核查对象为地质资料汇交人，即从事矿产资源勘查开发的探矿权人或者采矿权人。

检查主体为部和省级自然资源主管部门，即全国地质资料馆和省级地质馆藏机构；石油、天然气、页岩气、煤层气等油气类，及

放射性矿产类和海洋类成果地质资料，原始地质资料未委托保管的向全国地质资料馆汇交，已委托保管的向受委托保管单位汇交。

检查时间节点。各级自然资源主管部门定期开展监督检查，无具体时间节点的规定。地质资料馆藏机构每年 12 月底前，向自然资源部或者省、区、市自然资源主管部门编报本年度地质资料保管和利用年报；省、区、市自然资源主管部门每年 1 月底前，向部编报上一年度本行政区内地质资料管理年报。

检查方式。按照“双随机、一公开”要求开展检查。

六、矿山地质环境保护与土地复垦监督检查的实地核查

2017 年 1 月，实施矿山企业矿山地质环境保护与治理恢复方案和土地复垦方案施行合并编报。2017 年 8 月，国土资源部规范了土地复垦“双随机、一公开”监督检查工作。2023 年 5 月，自然资源部办公厅印发《关于开展 2023 年度矿山地质环境保护与土地复垦“双随机、一公开”监督检查工作的通知》，组织开展矿山地质环境保护与土地复垦“双随机、一公开”监督检查。检查内容包括矿山地质环境保护与土地复垦方案编报与备案情况、矿山地质环境治理恢复基金制度落实情况和矿山地质环境保护与土地复垦方案实施与验收情况。

核查对象为应当履行地质环境保护与土地复垦义务的矿山企业，即行政区域内所有采矿许可证尚在有效期的采矿权人和采矿许可证

过期未注销的原采矿权人。内业核查对象为全部监督检查对象，实地核查对象为重点检查和随机抽查的监督检查对象；对自然资源部负责出让、登记的采矿权，抽查比不低于20%，对省级及以下自然资源主管部门负责出让、登记的采矿权，抽查比例不低于10%。

检查主体为各级自然资源主管部门。

检查时间节点。按年度开展，省级自然资源主管部门12月31日前将监督检查总结报告报部。

检查方式。按照“双随机、一公开”要求开展，内业核查“全覆盖”原则，实地核查按照重点检查和随机抽查相结合的原则开展。

七、监督检查事项之间的联系

6个检查事项之间存在一定重合与包含关系，特别是矿业权人勘查开采信息管理工作既记录其他检查事项的数据，又作为其他检查的数据基础，也管理其他检查产生的异常名录。

1）在矿业权人勘查开采信息管理中：矿业权人填报信息包括地质资料汇交情况和生态修复情况，分别涉及矿业权和地质工作项目汇交信息、矿山地质环境保护与土地复垦的监管；矿产资源保护与合理利用情况、矿产资源年度变化及合理利用指标，是矿产资源开发利用水平调查评估数据质量核查的基础数据，也是绿色矿山建设和管理的重要数据；矿产资源储量统计信息与矿山储量报告（年报）的一致性，是矿产资源储量统计质量监控的内容，纳入矿业权人勘查开采信息公示工作抽查范围。

2）异常名录管理中：被列入矿业权人勘查开采信息公示异常名录的矿山企业不得纳入绿色矿山名录；按照《地质资料管理条例》受到行政处罚的矿业权人、矿山地质环境保护与土地复垦问题整改不到位的矿业权人，要列入矿业权人勘查开采信息公示的异常名录，纳入社会信用体系中，依法实施联合惩戒。

3）绿色矿山建设工作中，不仅矿山“三率”（开采回采率、选矿回收率、综合利用率）监管纳入了矿业权人勘查开采信息管理，还涉及矿山地质环境保护与土地复垦方案等执行情况的监管。

第二节　联合监督检查面临的新形势新要求

在新发展理念指引下，我国矿产资源管理在矿业权出让与监管制度建设、服务矿业领域生态文明建设、资源节约管理等方面发生了新变革，对矿产资源保护与监督提出新的要求。

一、深化跨部门联合监管的要求

2019 年 1 月，国务院印发《关于在市场监管领域全面推行部门联合“双随机、一公开”监管的意见》（国发〔2019〕5 号），提出推行部门联合“双随机、一公开”监管，切实减少对市场主体正常生产经营活动的干预，对守法者“无事不扰”。2020 年 1 月起施行的《优化营商环境条例》提出，针对同一检查对象的多个检查事项，应当尽可能合并或者纳入跨部门联合抽查范围。2023 年 1 月国务院办公厅印发了《关于深入推进跨部门综合监管的指导意见》（国办发〔2023〕1 号），在制度建构和具体实施层面进一步提出 19 条操作性措施，要求加强跨部门、跨区域、跨层级业务协同，提高综合监管效能。2024 年 12 月，国务院办公厅印发了《关于严格规范涉企行政检查的意见》（国办发〔2024〕54 号），再次强调最大限度减少入企检查频次。

按照国务院统筹监管执法资源、精简整合检查事项的要求，部门和地方开展了相应的综合监管。在矿业领域，部分地区已实施跨部门监管。浙江省自然资源厅和应急管理厅联合印发文件，以矿产资源开采和矿山安全为主要检查内容，对矿山企业开展“双随机、一公开”监管，通过省行政综合执法平台抽取行政执法人员、录入检查结果。湖北省开展了非煤矿山企业安全生产联合双随机抽查检查工作，由本省应急管理厅、检察院、公安厅、自然资源厅共同组建检查组，做到部门联合、检查人员和对象随机、省市互动，行政处罚由应急管理部门为主实施。

二、建设社会信用体系的要求

国务院印发了一系列社会诚信建设的文件，如《社会信用体系建设规划纲要（2014—2020 年）》（国发〔2014〕21 号），要求全面推动社会信用体系建设，深入推进企业诚信管理制度建设、环境保护和能源节约领域信用建设，加快推进行业信用信息系统建设；《国务院关于建立完善守信联合激励和失信联合惩戒制度 加快推进社会诚信建设的指导意见》（国发〔2016〕33号）要求加快构建以信用为核心的新型市场监管体制，提出建立完善守信联合激励和失信联合惩戒制度；《国务院办公厅关于加快推进社会信用体系建设 构建以信用为基础的新型监管机制的指导意见》（国办发〔2019〕35号）要求以加强信用监管为着力点，建立健全贯穿市场主体全生命周期，衔接事前、事中、事后全监管环节的新型监管机制；《国务院办公厅关于进一步完善失信约束制度 构建诚信建设长效机制的指导意见》（国办发〔2020〕49号），要求进一步规范和健全失信行为认定、记录、归集、共享、公开、惩戒和信用修复等机制。

为促进企业诚信自律、强化企业信用约束，2014年10月1日起施行的《企业信息公示暂行条例》（国务院令654号）将企业信息公示制度上升至法规层面。企业自主填报公示信息、政府随机抽查、设置“黑名单”等一系列措施，明确了信息监管，确立了信用约束制度，实现了政府由依赖行政监管手段向注重运用信用监管手段的转变。

各部门开展了守信激励和失信惩戒，矿业领域的监管确立了矿业权人勘查开采信息公示制度。从自然资规〔2015〕6号文到自然资源部第13号令，矿产勘查开采信用监管的体系及其与行业外的衔接不断完善和优化。矿产资源勘查开采相关的6个监管事项中，有5项开展“双随机、一公开”检查，相应内容通过矿业权人勘查开采信息公示系统公示公开，并纳入矿业权人信用管理。

三、推进生态文明体制改革的要求

党的十八大以来，党中央把生态文明建设摆在全局工作的突出位置，构建完善源头严防、过程严管、后果严惩的生态文明制度体系，全面加强生态文明建设。2015年党中央、国务院印发《生态文明体制改革总体方案》，提出建立矿产资源开发利用水平调查评估制度，建立矿产资源集约开发机制，完善重要矿产资源开采回采率、选矿回收率、综合利用率等国家标准，完善矿山地质环境保护和土地复垦制度，作为健全矿产资源开发利用管理制度，推动矿产资源开发利用领域生态文明建设的重要举措。

为落实生态文明建设的要求，自然资源部部署了研究工作，并于2023—2024年分两批发布了《矿产资源“三率”指标要求》系列行业标准。矿产“三率”指标将用于评价矿山企业合理开发利用情况，也是矿产资源开发利用水平调查评估工作的重要数据。

绿色矿山建设是推动矿业高质量发展的重要举措，是矿业领域生态文明建设的有力抓手。2024年1月，自然资源部印发了自然资规〔2024〕1号，对绿色开采及矿山环境生态修复提出更高要求。在绿色矿山建设工作中，自然资源主管部门主要负责矿山“三率”（开采回采率、选矿回收率、综合利用率）监管、矿山地质环境保护与土地复垦方案等执行情况的监管。

2024年8月1日起，首批针对正在生产矿山生态修复的4项矿山生态修复国家标准正式施行，为生产矿山“边开采、边修复”提供了具体的技术指导和操作规范。在矿产开采同时进行矿山生态修复的要求，保障了地质环境保护制度的及时落地，充分利用废石、尾矿进行回填，实现了矿产资源开采的事中监管。

第三节　政策建议

矿产资源勘查开采监管的6个检查事项之间存在部分内容的重复，合并检查事项、开展矿产资源勘查开采监管事项联合检查既能减少检查频次、减轻企业和基层负担，又有利于形成监管合理、提高监管效能，是落实综合监管和全过程监管的必然要求。但目前还缺乏开展联合检查的基础，一是缺乏联合检查工作规程，如各项检查名单分别抽取产生，容易遗漏抽检；检查分属两个内设机构负责开展，不便于工作人员和专家的工作调度；且常有矿业权面积大、跨行政区的情况出现，区域间协作没有统一规则。二是信息共享在矿产资源保护与监督工作中存在壁垒，如信息使用和调度在内设机构之间需要转交流程，部分一致性检查需要额外获取数据报告，上下级自然资源主管部门之间不掌握相关信息等。

一、厘清各方职责，建立矿产资源勘查开采监管联合检查工作规程

按照“进一次门，查多项事”的原则，统筹考虑矿产资源勘查

开采监管全生命周期的特点，建立健全矿产资源勘查开采联合检查工作规程，对6个常规监管事项合并开展矿产资源勘查开采联合检查，做到监管“不重不漏”。

一是厘清矿产保护监督利用、矿区生态修复和执法机构在矿产资源勘查开采监管工作中的职责，建立职能齐全的组织协调机制。对同一矿业权人实施两个以上检查事项且可以同时开展的，成立联合检查组，对矿业权人勘查开采信息管理、绿色矿山建设、生态修复及统计数据质量等方面开展联合检查，合并下发检查通知，避免重复检查。各地自然资源主管部门加强各职能内设机构间的沟通协作，设立矿产资源保护监督和生态修复联席会议制度，开展业务交流与联合检查培训，将联合检查工作纳入绩效考核，畅通相关执法和专业技术人员参与检查和调配的渠道。

二是明确检查对象范围，确立联合检查名单抽取机制。矿业权人勘查开采信息管理、绿色矿山实地核查、矿山地质环境保护与土地复垦监管检查是逐年、按比例进行名单抽取，但抽查底数各不相同，因此这3项检查需按照各自依据文件中抽查比例和时间规定等要求，分别确定核查名单，保证各项检查抽取依法依规。矿产资源开发利用水平调查评估数据质量核查结合勘查开采信息管理抽查核查工作开展，矿产资源储量统计质量监控核查、矿业权和地质工作项目汇交信息监督检查不规定抽查比例，这3项检查按照当年工作重点确定核查名单。6个监管事项核查名单经优化整合，逐个明确核查内容，形成联合检查名单，精简对矿业权人的核查频次，提高实地核查工作效率。

三是加强相邻行政区业务交流，建立跨行政区联合监管机制。涉及对跨行政区矿业权的核查，由上一级自然资源主管部门指定牵头行政区组织开展，牵头行政区负主责、配合行政区备好案，统一两地或多地监管标准。

二、以矿业权人勘查开采信息管理系统为基础，构建矿产资源勘查开采信息管理大平台

无论是一致性检查，或是准确性核查，其数据来源均为自然资源主管部门的涉矿内设机构，其检查结果均是制定下一步监管决策的重要依据。应在矿产资源保护监督和生态修复内设机构间打通信息使用和调度的堵点，高效使用勘查开采信息，推进各类监管信息共享共用，有助于推动联合检查落地。

一是要将矿产资源勘查开采监管信息归集至同一平台。充分利用现有的全国矿业权人勘查开采信息管理系统，最大限度发挥其综合优势，以矿业权公示数据、抽查工具、专家管理数据和历年核查结果为基础，增加相应内容，打造新的矿产资源勘查开采监管联合检查平台。在全国矿业权人勘查开采信息公示系统增设绿色矿山名单抽取、矿山地质环境保护与土地复垦监管检查名单抽取相关功能模块。增设矿产资源储量报告、矿产资源储量统计信息、地质资料汇交情况查看接口。因地质资料汇交检查列入异常名录的矿业权人仍要在次年接受核查，因此其整改验收信息应增设于全国矿业权人

勘查开采信息公示系统。

二是加强联合检查结果横向应用。往年开展的核查结果分类对应至6个监管项目，便于在未来核查时直接展示。绿色矿山实地核查、矿产资源开发利用水平调查评估数据质量核查、矿产资源储量统计质量监控核查、矿业权和地质工作项目汇交信息监督检查、矿山地质环境保护与土地复垦监管检查的结果均应展示于矿业权人勘查开采信息公示系统，亦可作为相应矿业权公示信息真实性的佐证。开发利用水平调查评估数据质量核查结果、矿山地质环境保护与土地复垦监管检查结果均与绿色矿山建设密切相关，应对绿色矿山核查组成员开放使用权限。异常名录矿业权应直接标注不得列入绿色矿山名录。受到行政处罚、涉及相关整改情况而列入异常名录的矿业权，要做好列入原因和相关情况的归集，作为次年开展矿业权人勘查开采信息公示专项核查的基础信息，精准吸纳相关专业技术人员进入核查组。

三是提高监管人员获取信息的精准度。适当放宽各级自然资源主管部门管理的矿业权的证载信息和处罚信息的查看权限等，减少因下级部门查看受限导致的检查工作滞后，打破上下级之间信息壁垒，便于部省市县协调开展监管核查。组织抽取的和实施核查的人员均应直接查看和使用矿业权当年信息和往年核查结果相关信息。矿业权的处罚应由做出决定的部门进行实时备案，整改验收情况应由实施部门进行实时填报，避免因时间间隔或人员调动导致信息的遗漏、出错。

三、完善矿业权人信用分级分类监管，推进问题线索联合处置与联合惩戒

一是完善分类分级信用管理制度。研究制定矿产资源勘查开采领域分类分级信用管理制度，对依法依规被列入严重失信主体名单的矿业权人，在一定时间内和相关领域内适当限制评先评优、取得新矿业权、税费减免等。严格违法名单的信用记录使用期限，强化失信惩戒机制的顶层设计，进一步明确界定豁免条件和措施、实施期限等，引导帮助矿业权人及时纠正和修复信用缺失。

二是提升问题线索联合处置质效。针对越界勘查开发、以探代采、破坏矿山生态等问题，通过矿业权人勘查开采信息管理系统、中央环保督察通报、执法部门、新闻媒体和信访等渠道广泛收集线索，建立健全问题线索分办、转办和查处机制。核查发现的违法线索，按规定转交执法与刑事司法机关。涉及多个内设机构监管职责的线索，协同开展核查，依法依规处理，既做到应查必查、有效处置，又要防止多头检查、重复处罚。

三是强化违法违规联合惩戒。以矿业权人勘查开采信息管理为载体，准确、全面记录矿业权人信用行为，及时归集共享信用信息。发现存在违法失信行为的矿业权人，及时通报市场监督管理部门和国家发展改革委基于全国信用信息共享平台建立的失信行为联合惩戒系统，依法开展联合失信惩戒。

结　　语

法律的生命力在于实施，法律的权威也在于实施。新《矿产资源法》在我国矿业法治史和矿业发展史上具有里程碑意义，是矿业行业大事要事，对保障国家矿产资源安全，维护矿产资源国家所有者和矿业权人合法权益、加强矿产资源开发利用生态环境保护、促进矿业高质量发展具有重要意义。良法要善治，新《矿产资源法》有效落地实施是关键。

一、加强沟通交流凝聚共识

新《矿产资源法》是1986年颁布实施三十多年来的首次“大修”，是一次整体性、系统性、重构性的修改，各方面高度关注。大家普遍认为新《矿产资源法》顺应形势发展变化，贯彻落实党中央关于矿产资源管理改革决策部署，遵循地质工作规律、矿业发展规律、市场经济规律，统筹发展和安全，统筹国内国际，有利于促进矿业行业健康可持续发展，保障国家矿产资源安全。

对于新《矿产资源法》一些制度规定，不同群体从不同立场和角度出发，也有不同的看法和观点，提出了各自的诉求和意见建议。

比如，完善矿业用地制度，有人认为，有助于解决长期困扰矿山企业的矿业用地问题；也有人认为，对面广、量大的非战略性矿产“矿合法、地不合法”的问题仍未得到有效解决。再比如，全面实行竞争性方式出让矿业权，有人认为，有利于充分发挥市场对资源配置决定性作用，由市场判断勘查开采风险，避免人为技术判断，造成自由裁量权过大而引发寻租风险，提高资源配置效率和公开公平公正性；也有人认为，市场上普遍采用的以挂牌方式出让探矿权，实行“价高者得”，地勘单位难以竞得探矿权，不利于调动地勘单位找矿主力军的积极性，地勘单位的找矿技术优势得不到充分发挥。

不同的人对同一制度有不同的看法和诉求，提出不同的意见建议，这很正常，需要正确认识和看待，是否与党的路线方针政策相一致，是否从国家立场出发，是否顺应形势发展要求，是否符合我国国情，是否具有科学性、针对性和可操作性。

受立场和角度以及认知的影响，一些看法和诉求难免有一定的局限性，但及时了解掌握这些不同的看法和诉求，有利于换位思考，多视角多维度审视新《矿产资源法》，知道不同看法和诉求的分歧点在哪，通过有针对性地加强新《矿产资源法》宣传讲解，让大家更全面深入理解法律制度，正本清源，引导舆论，统一思想，形成共识，更好地将新《矿产资源法》落实到位，形成合力。

二、坚持系统观念实现多目标动态平衡

矿产资源勘查开发、生态环境保护、耕地保护对经济社会发展

至关重要，事关国计民生和国家安全。贯彻落实新《矿产资源法》，需要切实转变思想观念，坚持系统观念，统筹好矿产资源勘查开发与生态环境保护、耕地保护的关系，将矿产资源安全与生态安全、粮食安全统一于总体国家安全观之中，把握好时、度、效，实现多目标动态平衡，不能为了保障矿产资源安全，以牺牲生态、破坏耕地为代价，也不能以保护生态、保护耕地为名，不开发利用矿产资源，坚持开发利用与保护并重，尊重自然规律，用系统思维统筹划好“三区三线”，统筹做好矿产资源开发、生态保护修复、耕地保护等各项工作，实现在保护中开发、在开发中保护。

同时，矿产资源管理目标具有多维性，比如，维护矿产资源国家所有者权益和矿业权人合法权益，统筹矿产资源国家所有和矿产资源所在地利益，保障经济社会发展需要和保护矿产资源，保障矿产资源当前和长远供应安全。因此，贯彻落实新《矿产资源法》，制定配套管理措施，需要坚持系统观念，统筹兼顾、综合平衡，把多目标统筹起来谋划，增强工作系统性，做到系统集成、协同高效、全面推进，既聚焦重点，又统揽全局；既立足当前，又着眼长远，实现多目标动态平衡，促进矿产资源合理开发利用，保障国家矿产资源安全，保护生态环境，实现国家（中央、地方）、矿业企业、矿区群众、矿业上下游产业链等互利共赢，推动矿业高质量发展。

三、增强宏观政策取向一致性保障立法目的实现

新《矿产资源法》对立法目的作了较大修改调整，突出强调

保障国家矿产资源安全、加强生态环境保护、维护矿产资源国家所有者和矿业权人合法权益。立法目的调整意味着管理的主要目标也随之发生变化。在管理中要实现立法初衷和主要目标，需要围绕立法目的构建一整套全面系统的制度体系，使实施的每项制度和措施与立法目的保持一致性，避免出现“合成谬误”或“分解谬误”，增强宏观政策取向一致性，保障立法目的能够顺利落地实施，取得实效。

比如，新《矿产资源法》将保障国家矿产资源安全作为立法目的之一，相关的制度和措施需要主动与之相匹配、相配套，确保管理目标的实现。矿产资源税费制度在维护国家权益的前提下，充分考虑矿产资源勘查具有投资大、长周期、高风险、高收益的特点，调动矿产资源勘查开发积极性，促进增加紧缺矿产资源储量和提高产能。在金融风险可控的前提下，加大对矿业企业资金支持力度，探索建立风险勘查资本市场，促进加大矿产资源勘查开发投资力度。在保护生态环境的前提下，优化各类保护区管控措施，明确不同区域矿产资源勘查开采准入标准，探索建立健全空间区域立体分层管理制度，拓展可供矿产资源勘查开发的区域。在保障安全生产的前提下，充分考虑我国矿产资源赋存具有大矿少、小矿多，单一矿床少、共伴生矿床多的特点，实行与我国资源国情相适应的矿山安全生产监管措施。地方政府要主动担负起保障矿产资源安全的责任，不能以生态环境保护、安全生产为名，将所辖区域矿山一关了之，实行无矿市、无矿县。

四、加强调查研究科学制定配套制度措施

新《矿产资源法》对1996年《矿产资源法》进行全面修改，建立了一批新的管理制度，有的是把改革成果上升为法律制度，有实践基础；有的是全新的制度，没有改革探索经验积累。对于尚未有改革实践探索的新制度要顺利落地实施，有效运行，需要加强调查研究，广泛听取各方意见建议，汇集各方智慧，制定科学合理的配套制度和管理措施。

比如，新《矿产资源法》重构了矿产资源勘查开采登记制度，建立了矿业权登记和勘查开采许可制度，实行矿业权物权登记与矿产资源勘查开采行为许可相分离，更好地维护矿业权人合法权益。将这项全新的变革性制度实施好，需要科学合理制定配套的矿业权登记与勘查开采许可管理制度，一是做好两者之间的申请要件、审查要点、审查流程之间的衔接，做到不重复、不漏项，既有效保护矿业权人合法权益，又要提高登记和发证效率、减轻矿业权人负担；二是理顺两者之间内在逻辑关系，反复进行模拟运行推演，发现可能的堵点、难点问题，采取切实可行的解决措施，确保矿业权登记和勘查开采许可运行顺畅，避免出现矿业权登记后办不了勘查开采许可的情形。

五、遵循客观规律增强配套措施针对性可操作性

矿产资源勘查开采具有鲜明的行业特点和自身的客观规律，比如，地质找矿具有较强的不确定性，矿产资源埋藏在地底下，在探

明之前，有没有、有多少都不确定；勘查阶段只有投入、不产生收益，只有在探明矿产资源转为采矿权，把矿产资源开采出来进行销售后，才产生收益。新《矿产资源法》充分考虑了矿产资源勘查开采行业特点，比如，规定制定矿业权出让收益征收办法，应当根据不同矿产资源特点，遵循有利于维护国家权益、调动矿产资源勘查积极性、促进矿业可持续发展的原则。

贯彻落实新《矿产资源法》，制定配套管理措施时，应充分考虑矿产资源勘查开采特点，遵循地质工作规律、矿业规律，增强管理措施的针对性和可操作性。比如，新《矿产资源法》建立了勘查方案管理制度，要求探矿权人按经批准的勘查方案进行勘查作业，勘查方案需要作重大调整的，要报管理机关批准。管理工作中要实施好勘查方案管理制度，必须要充分考虑到地质找矿具有较强的探索性，需要经历认识、实践、再认识、再实践的反复过程，勘查工作部署也必然会不断调整变化，实际工作中的勘查工作部署和经管理机关批准的勘查方案不一致会经常发生。解决好勘查方案管理中可以预见的这类问题，在制定配套管理措施时，要遵循矿产资源勘查特点和内在客观规律，明确勘查方案包括哪些方面内容，哪些事项应该由管理机关负责管理；哪些方面出现变化属于重大调整；发生重大调整的，在重新编制勘查方案和报批期间是否可以继续进行勘查作业，等等。

六、做好新旧制度衔接确保工作平稳过渡

新《矿产资源法》是对已有矿产资源法的一次大修改，一些新

制度和已有制度之间发生了重大调整变化，甚至是根本性变化，要实现矿产资源管理工作平稳过渡，做好新旧制度衔接尤为重要和迫切。

对于管理中没有实践经验基础的重构性制度，比如，矿业权登记和勘查开采许可证制度，在新《矿产资源法》实施前，有必要进行试点，在实施操作中解读新制度，答疑解惑，统一思想认识；通过试点暴露和发现制度运行中可能存在的问题，群策群力、汇集各方智慧，形成切实可行的配套管理制度和措施。

对于涉及系统性改革的创新性制度，要对与之相关联的所有制度进行调整变化，建立与之相适应的制度体系。比如，全面推进竞争性方式出让矿业权，要确保落实实施，一是要改革已有矿业权申请审批登记制度，按照新的矿业权出让登记制度，构建矿业权出让登记流程、申请要件、审查事项等；二是建立支撑矿业权竞争性出让的区块来源制度，确保管理机关能够获得满足市场需求的区块；三是建立适应矿业权竞争性出让的宏观调控机制，实现有序出让、优化布局，促进矿产资源供需相对平衡。

对于涉及其他部门制度措施需要同步修改完善的，加强沟通协调，确保能够同步调整到位。比如，新《矿产资源》建立了油气探采合一制度，要顺利落地实施，需要相关部门对安全生产许可、环评、水土保持、矿业用地、规划等管理制度和措施作出相应调整，实现各部门管理制度和措施联动和相互衔接。

参考文献

广西壮族自治区自然资源厅，2024. 广西壮族自治区自然资源厅关于进一步做好建设项目压覆重要矿产资源审批服务的通知［EB/OL］.（2024-01-09）. https：//dnr. gxzf. gov. cn/zfxxgk/fdzdgknr/zcfg/gfxwj/t17826703. shtml.

广西壮族自治区自然资源厅，2024. 广西壮族自治区自然资源厅关于深化矿产资源储量管理改革有关事项的通知［EB/OL］.（2024-01-09）. https：//dnr. gxzf. gov. cn/zfxxgk/fdzdgknr/zcfg/gfxwj/t17826809. shtml.

国家发展改革委，财政部，2010. 国家发展改革委 财政部关于草原植被恢复费收费标准及有关问题的通知［EB/OL］.（2010-06-07）. https：//www. ndrc. gov. cn/xxgk/zcfb/tz/201406/t20140625_964653. html.

国家林业和草原局，2020. 林草局关于印发《草原征占用审核审批管理规范》的通知［EB/OL］.（2020-06-19）. https：//www. gov. cn/gongbao/content/2020/content_5541499. htm.

国土资源部，2000. 关于规范建设项目压覆矿产资源审批工作的通知［EB/OL］.（2000-12-08）. https：//www. gov. cn/gongbao/content/2001/content_61086. htm.

国土资源部，2017. 国土资源部关于加强地质资料管理的通知［EB/OL］.（2017-01-18）. https：//www. mnr. gov. cn/gk/tzgg/201702/t20170206_1992036. html.

国土资源部油气资源战略研究中心，2012. 国外矿产资源储量管理制度研究报告［R］.

国土资源部油气资源战略研究中心，2019. 新形势下的油气资源监督管理研究［R］.

国务院，2014. 国务院关于印发社会信用体系建设规划纲要（2014—2020 年）的通知［EB/OL］.（2014-06-14）. https：//www. gov. cn/gongbao/content/2014/content_2711418. htm.

国务院，2016. 国务院关于建立完善守信联合激励和失信联合惩戒制度 加快推进社会诚信建设的指导意见［EB/OL］.（2016-05-30）. https：//www. gov. cn/gongbao/content/2016/content_5086307. htm.

国务院，2019. 国务院关于在市场监管领域全面推行部门联合“双随机、一公开”监管的意见［EB/OL］.（2019-02-15）. http：//www. gov. cn/zhengce/content/2019-02/15/content_5365945. htm.

国务院办公厅，2019. 国务院办公厅关于加快推进社会信用体系建设构建以信用为基础的新型监管机制的指导意见［EB/OL］.（2019-07-09）. https：//www. gov. cn/zhengce/content/2019-07/16/content_5410120. htm.

国务院办公厅，2020. 国务院办公厅关于进一步完善失信约束制度构建诚信建设长效机制的指导意见［EB/OL］.（2020-12-07）. https：//www. gov. cn/gongbao/content/2021/content_5578531. htm.

国务院办公厅，2023. 国务院办公厅关于深入推进跨部门综合监管的指导意见［EB/OL］.（2023-02-17）. https：//www. gov. cn/zhengce/zhengceku/2023-02/17/content_5741898. htm.

宁夏回族自治区自然资源厅，2024. 关于印发《宁夏回族自治区矿产资源储量评审备案实施办法》的通知［EB/OL］.（2024-05-06）. https：//zrzyt. nx. gov. cn/gk/fdzdgknr/tzgg/202405/t20240506_4529551. html.

四川省自然资源厅，2024. 四川省自然资源厅关于印发《四川省自然资源厅矿产资源储量评审备案管理办法》的通知［EB/OL］.（2024-05-14）. https：//dnr. sc. gov. cn/scdnr/scgsgg/2024/5/14/f5f3d9a1462c4ea7bcfad12c6e8980d5. shtml.

应急管理部，2015. 建设项目安全设施“三同时”监督管理暂行办法［EB/OL］.（2015-04-02）. https：//www. mem. gov. cn/gk/zfxxgkpt/fdzdgknr/gz11/201102/t20110201_405595. shtml.

中共中央，国务院，2024. 中共中央、国务院关于加快经济社会发展全面绿色转型的意见［EB/OL］.（2024-07-31）. https：//www. gov. cn/gongbao/2024/issue_11546/202408/content_6970974. html.

自然资源部，2020. 自然资源部办公厅关于做好建设项目压覆重要矿产资源审批服务的通知［EB/OL］.（2020-04-28）. https：//gi. mnr. gov. cn/202004/t20200430_2510975. html.

自然资源部，2020. 自然资源部关于做好矿产资源储量统计工作的通知［EB/OL］.（2020-09-30）. https：//www. gov. cn/zhengce/zhengceku/2020-10/10/content_5550225. htm.

自然资源部，2024. 自然资源部关于印发《矿产资源开发利用水平调查评估办法（试行）》的通知［EB/OL］.（2024-02-01）. http：//gi. m. mnr. gov. cn/202402/t20240206_2837276. html.

自然资源部，2020. 自然资源部办公厅关于进一步做好地质资料汇交管理的通知［EB/OL］.（2020-05-09）. https：//m. mnr. gov. cn/gk/tzgg/202005/t20200522_2520617. html.

自然资源部，2024. 矿业权人勘查开采信息管理办法［EB/OL］.（2024-05-16）. https：//www. gov. cn/gongbao/2024/issue_11486/202407/content_6964539. html.

自然资源部，2024. 矿业权人勘查开采信息实地核查技术要求：DZ/T 0463—2024［S］. 北京：地质出版社.

自然资源部办公厅，2023. 自然资源部办公厅关于开展2023年度矿山地质环境保护与土地复垦“双随机、一公开”监督检查工作的通知［EB/OL］.（2023-05-16）. https：//www. gov. cn/zhengce/zhengceku/202305/content_6876153. htm.

自然资源部矿业权管理司，2024. 矿业权管理法律法规文件汇编［M］. 北京：中国大地出版社.

自然资源部矿业权管理司，2020. 矿产资源开发管理常用法律法规文件汇编（第七版）［M］. 北京：地质出版社.

自然资源部油气资源战略研究中心，2020. 矿产资源勘查开采信息公示工作督察［R］.

自然资源部油气资源战略研究中心，2020. 油气资源利用监督［R］.
自然资源部油气资源战略研究中心，2022. 加拿大油气监督管理机制研究［R］.
陈敏，郭鹏飞，孟刚，等，2017. 对矿产资源储量评审备案管理改革的几点思考和建议［J］. 中国矿业，26（3）：25-27.
陈敏，韩征，景东升，等，2023. 矿产资源储量管理改革进展、挑战与深化方向［R］. 自然资源部油气资源战略研究中心（28）.
陈敏，孟刚，苗琦，等，2020. 我国矿产资源储量管理现状、问题及建议［J］. 中国矿业，29（7）：16-24.
陈敏，孟刚，苗琦，等，2022. 新时代建设项目压覆矿产资源管理的思考［J］. 中国矿业，31（9）：24-30.
陈敏，孟刚，苗琦，等，2024. 完善建设项目压覆矿产资源管理的若干思考［J］. 中国国土资源经济，37（3）：11-17.
陈敏，苗琦，王天元，等，2019. 我国建设项目压覆矿产资源审批管理的现状及政策建议［J］. 中国矿业，28（9）：12-15.
陈敏，苗琦，王天元，等，2020. 矿产资源储量评审备案与登记制度评析及建议［J］. 中国国土资源经济，33（4）：84-88.
陈升国，王震，徐静波，等，2024. 储气库建设不可避让生态保护红线论证［J］. 煤气与热力，44（8）：1-5.
董晓方，张慧婷，郭丽娜，等，2019. 从自然保护区矿业权重叠问题谈保护区范围界定［J］. 中国矿业，28（3）：14-17.
董延涛，那春光，侯华丽，等，2016. 自然保护区等禁采区内矿业权处置问题研究［J］. 矿产保护与利用（2）：9-14.
冯聪，王澍，姜杉钰，2020. 我国自然保护地矿业权退出机制研究——国外相关经验启示与借鉴［J］. 中国国土资源经济，33（12）：37-40，64.
高伟明，曹庆仁，宋学锋，2015. 央地政府在压覆矿产资源管理中的博弈研究［J］. 资源开发与市场，31（11）：1307-1310.
郭丽娜，许书平，孔宁，等，2019. 矿产资源开发利用方案编制中的问题分析及对策. 中国矿业，28（1）：66-68.
韩亚琴，2020. 我国油气资源勘查开采管理改革的几点思考［J］. 中国国土资源经济，33（10）：49-53.
韩亚琴，2020. 油气矿业权退出自然保护地问题分析［J］. 中国矿业，29（S1）：35-38.
郝江帆，申延平，文雅萍，等，2023. 全国油气督察员制度沿革及在矿业权监督管理中的作用［J］. 中国矿业，32（S2）：18-22.
胡魁，2021. 矿产储量及其管理工作漫谈［EB/OL］. https：//www. sohu. com/a/806080684_463571.
江福兵，芦双双，2021. 建设项目压覆矿产资源补偿机制探讨［J］. 中国金属通报（4）：118-119.
靳松，金聪，张福良，2018. 中美国家公园不同管理体制对矿业权管理的影响［J］. 现代矿业，34（12）：21-23.
赖永添，陈少强，李炜，2012. 加拿大和美国矿业资源税费情况及对我国的启示［J］. 财务与会计（2）：62-66.
李海婷，2019. 建设项目压覆矿产资源管理法律制度研究［J］. 现代矿业，35（7）：12-15.
李丽娟，江思卫，黄钰清，2024. 广西林地管理与生态保护红线管控关系分析［J］. 中南林业调查规划，43（3）：6-10.
李欣欣，刘雅雅，余向克，等，2024. 四川省生态保护红线管理实践思考［J］. 资源与人居环境（10）：38-40.
李裕伟，2018. 国外保护区矿业政策［J］. 中国国土资源经济，31（7）：4-14.
李裕伟，2018. 矿业权与矿政改革管理——中外矿事纵横谈（上下册）［M］. 北京：中国大地出版社.
林潇潇，2023. 自然保护区内矿业权法律限制研究［J］. 湖湘法学评论，3（1）：36-48.
刘流，周海，陈超，2020. 论水利水电工程压覆矿产资源的处理［J］. 红水河，

39（6）：22-25.

刘婷婷，2022. 矿产资源压覆纠纷中补偿问题研究［D］. 辽宁：辽宁科技大学.

刘欣，2022. 建设工程压覆重要矿床管理问题辨析［J］. 中国国土资源经济，35（1）：29-34，42.

吕建伟，王绍祥，2019. 自然保护区内矿业权分类处置的几点思考［J］. 中国国土资源经济，32（4）：49-52.

任辉，2020. 关于进一步完善矿产资源开发利用方案编审制度的思考与建议. 中国煤炭地质，32（12）：1-7.

史瑾瑾，原振雷，张博，2020. 俄罗斯固体矿产资源储量管理体制及其启示［J］. 国土资源情报（2）：38-42.

史一舒，2024. 绿色民法典时代生态保护红线规划管制的法治保障［J］. 江西社会科学，44（10）：163-173.

司芗，张应红，刘立，等，2020. 新时代我国绿色矿山建设与发展的思考［J］. 中国矿业，29（2）：59-64.

苏轶娜，刘超，余良晖，2019. 我国压覆矿产资源管理制度探析［J］. 国土资源情报（5）：33-39.

汤珂，苏雅丽，李宏卫，等，2024. 自然保护地矿产资源开发的生态环境影响综合评价体系研究与应用［J］. 安全与环境工程，31（5）：239-248.

王建忠，司芗，景东升，等，2023. 矿政改革十年［M］. 北京：地质出版社.

王素萍，2016. 国外矿产资源储量管理借鉴［J］. 现代矿业，32（9）：4-6.

魏莉华，2024. 新《矿产资源法》释义［M］. 北京：中国大地出版社.

文雅萍，郝江帆，刘启鹏，等，2020. 油气监管部省联动工作现状与改革建议［J］. 中国国土资源经济，33（5）：29-33，9.

文雅萍，黄梦曦，卜小平，等，2019. “双随机、一公开”新方式下的油气资源监督管理［J］. 中国矿业，28（11）：78-82.

文雅萍，刘启鹏，张永兴，等，2021. “放管服”背景下加强油气监管的思考与建议［J］. 中国矿业，30（9）：26-31.

文雅萍，申延平，韩亚琴，等，2021. 矿业权人信息公示工作经验总结与问题思考［J］. 中国国土资源经济，34（10）：19-24.

文雅萍，申延平，郝江帆，等，2025. 加拿大油气勘查开采全过程监管对我国油气监管的启示［J/OL］. 中国矿业，1-10［2025-02-28］. http：//kns. cnki. net/kcms/detail/11. 3033. td. 20241204. 1756. 005. html.

许书平，2010. 健全勘查区块退出机制 加快促进地质找矿突破［J］. 中国国土资源经济，23（6）：42-45，56.

许书平，2022. 矿产资源管理改革实施情况研究［J］. 中国国土资源经济，35（10）：24-29.

许书平，2022. 推进矿业权出让权限划分改革的思考［N］. 中国矿业报（4）.

许书平，孔宁，陈志广，等，2018. 我国矿业权出让方式政策演变及建议［J］. 矿产保护与利用（2）：7-11，18.

杨毕，2021. 关于对建设项目压覆矿产资源审批工作的一些探讨——以贵州省实际工作为例［J］. 西部探矿工程，33（7）：164-166，169.

于元赫，杨子涵，2024. 自然保护地保护与发展研究综述［J］. 中国国土资源经济，37（10）：18-27，72.

余良晖，刘超，苏铁娜，2021. 压覆矿产管理与占用补偿问题研究［J］. 中国国土资源经济，34（5）：59-63，69.

余星涤，李伟，王峰，等，2020. 自然保护地体系重构中矿业权分类处置的思考［J］. 中国矿业，29（1）：30-33.

袁智雨，王娟，刘鑫，等，2024. 国家公园为主体的自然保护地采矿权退出补偿方式研究［J］. 中国矿业，33（S2）：10-14.

张博，利广杰，2017. 自然保护区内矿业权退出面临问题及对策［J］. 中国矿业，26（4）：1-3，27.

张茜，2022. 基础设施建设压覆矿产资源纠纷案件的司法适用研究［D］. 兰州：兰州大学.

附录

中华人民共和国矿产资源法

（1986 年 3 月 19 日第六届全国人民代表大会常务委员会第十五次会议通过　根据 1996 年 8 月 29 日第八届全国人民代表大会常务委员会第二十一次会议《关于修改〈中华人民共和国矿产资源法〉的决定》第一次修正　根据 2009 年 8 月 27 日第十一届全国人民代表大会常务委员会第十次会议《关于修改部分法律的决定》第二次修正　2024 年 11 月 8 日第十四届全国人民代表大会常务委员会第十二次会议修订）

第一章　总　则

第一条　为了促进矿产资源合理开发利用，加强矿产资源和生态环境保护，维护矿产资源国家所有者权益和矿业权人合法权益，推动矿业高质量发展，保障国家矿产资源安全，适应全面建设社会主义现代化国家的需要，根据宪法，制定本法。

第二条　在中华人民共和国领域及管辖的其他海域勘查、开采矿产资源，开展矿区生态修复等活动，适用本法。

本法所称矿产资源，是指由地质作用形成、具有利用价值的，呈固态、液态、气态等形态的自然资源。矿产资源目录由国务院确定并调整。

第三条 矿产资源开发利用和保护工作应当坚持中国共产党的领导，贯彻总体国家安全观，统筹发展和安全，统筹国内国际，坚持开发利用与保护并重，遵循保障安全、节约集约、科技支撑、绿色发展的原则。

第四条 矿产资源属于国家所有，由国务院代表国家行使矿产资源的所有权。地表或者地下的矿产资源的国家所有权，不因其所依附的土地的所有权或者使用权的不同而改变。

各级人民政府应当加强矿产资源保护工作。禁止任何单位和个人以任何手段侵占或者破坏矿产资源。

第五条 勘查、开采矿产资源应当依法分别取得探矿权、采矿权，本法另有规定的除外。

国家保护依法取得的探矿权、采矿权不受侵犯，维护矿产资源勘查、开采区域的生产秩序、工作秩序。

第六条 勘查、开采矿产资源应当按照国家有关规定缴纳费用。国务院可以根据不同情况规定减收或者免收有关费用。

开采矿产资源应当依法缴纳资源税。

第七条 国家建立健全地质调查制度，加强基础性地质调查工作，为矿产资源勘查、开采和保护等提供基础地质资料。

第八条 国家完善政策措施，加大对战略性矿产资源勘查、开采、贸易、储备等的支持力度，推动战略性矿产资源增加储量和提高产能，推进战略性矿产资源产业优化升级，提升矿产资源安全保障水平。

战略性矿产资源目录由国务院确定并调整。

对国务院确定的特定战略性矿产资源，按照国家有关规定实行保护性开采。

第九条 国家对矿产资源勘查、开采实行统一规划、合理布局、综合勘查、合理开采和综合利用的方针。

国务院自然资源主管部门会同国务院发展改革、应急管理、生态环境、工业和信息化、水行政、能源、矿山安全监察等有关部门，依据国家发展规划、全国国土空间规划、地质调查成果等，编制全国矿产资源规划，报国务院或者其授权的部门批准后实施。

省级人民政府自然资源主管部门会同有关部门编制本行政区域矿产资源规划，经本级人民政府同意后，报国务院自然资源主管部门批准后实施。

设区的市级、县级人民政府自然资源主管部门会同有关部门根据本行政区域内矿产资源状况和实际需要，编制本行政区域矿产资源规划，经本级人民政府同意后，报上一级人民政府自然资源主管部门批准后实施。

第十条 国家加强战略性矿产资源储备体系和矿产资源应急体系建设，提升矿产资源应急保供能力和水平。

第十一条 国家鼓励、支持矿产资源勘查、开采、保护和矿区生态修复等领域的科技创新、科技成果应用推广，推动数字化、智能化、绿色化建设，提高矿产资源相关领域的科学技术水平。

第十二条 对在矿产资源勘查、开采、保护和矿区生态修复工作中做出突出贡献以及在矿产资源相关领域科技创新等方面取得显著成绩的单位和个人，按照国家有关规定给予表彰、奖励。

第十三条 国家在民族自治地方开采矿产资源，应当照顾民族自治地方的利益，作出有利于民族自治地方经济建设的安排，照顾当地群众的生产和生活。

民族自治地方的自治机关根据法律规定和国家的统一规划，对可以由本地方开发的矿产资源，优先合理开发利用。

第十四条 国务院自然资源主管部门会同有关部门负责全国矿产资源勘查、开采和矿区生态修复等活动的监督管理工作。

县级以上地方人民政府自然资源主管部门会同有关部门负责本行政区域内矿产资源勘查、开采和矿区生态修复等活动的监督管理工作。

国务院授权的机构对省、自治区、直辖市人民政府矿产资源开发利用和监督管理情况进行督察。

第十五条 国家坚持平等互利、合作共赢的方针，积极促进矿产资源领域国际合作。

第二章 矿业权

第十六条 国家实行探矿权、采矿权有偿取得的制度。

探矿权、采矿权统称矿业权。

第十七条 矿业权应当通过招标、拍卖、挂牌等竞争性方式出让，法律、行政法规或者国务院规定可以通过协议出让或者其他方式设立的除外。

矿业权出让权限划分由国务院规定。县级以上人民政府自然资源主管部门按照规定权限组织矿业权出让。

矿业权出让应当按照国家规定纳入统一的公共资源交易平台体系。

第十八条 县级以上人民政府自然资源主管部门应当加强对矿业权出让工作的统筹安排，优化矿业权出让工作流程，提高工作效率，保障矿业权出让工作与加强矿产资源勘查、开采的实际需要相适应。矿业权出让应当考虑不同矿产资源特点、矿山最低开采规模、生态环境保护和安全要求等因素。

国家鼓励单位和个人向县级以上人民政府自然资源主管部门提供可供出让的探矿权区块来源；对符合出让条件的，有关人民政府自然资源主管部门应当及时安排出让。

国务院自然资源主管部门应当加强对矿业权出让工作的指导和监督。

法律、行政法规规定在一定区域范围内禁止或者限制开采矿产资源的，应当遵守相关规定。

第十九条 通过竞争性方式出让矿业权的，出让矿业权的自然资源主管部门（以下称矿业权出让部门）应当提前公告拟出让矿业权的基本情况、竞争规则、受让人的技术能力等条件及其权利义务等事项，不得以不合理的条件对市场主体实行差别待遇或者歧视待遇。

第二十条 出让矿业权的，矿业权出让部门应当与依法确定的受让人以书面形式签订矿业权出让合同。

矿业权出让合同应当明确勘查或者开采的矿种、区域，勘查、开采、矿区生态修复和安全要求，矿业权出让收益数额与缴纳方式、矿业权的期限等事项；涉及特定战略性矿产资源的，还应当明确保护性开采的有关要求。矿业权出让合同示范文本由国务院自然资源主管部门制定。

第二十一条 矿业权出让合同约定的矿业权出让收益数额与缴纳方式等，应当符合国家有关矿业权出让收益征收的规定。

矿业权出让收益征收办法由国务院财政部门会同国务院自然资源主管部门、国务院税务主管部门制定，报国务院批准后执行。制定矿业权出让收益征收办法，应当根据不同矿产资源特点，遵循有利于维护国家权益、调动矿产资源勘查积极性、促进矿业可持续发展的原则，并广泛听取各有关方面的意见和建议。

第二十二条 设立矿业权的，应当向矿业权出让部门申请矿业权登记。符合登记条件的，矿业权出让部门应当将相关事项记载于矿业权登记簿，并向矿业权人发放矿业权证书。

矿业权变更、转让、抵押和消灭的，应当依法办理登记。

矿业权的设立、变更、转让、抵押和消灭，经依法登记，发生效力；未经登记，不发生效力，法律另有规定的除外。

矿业权登记的具体办法由国务院自然资源主管部门制定。

第二十三条 探矿权人在登记的勘查区域内，享有勘查有关矿产资源并依法取得采矿权的权利。

采矿权人在登记的开采区域内，享有开采有关矿产资源并获得采出的矿产品的权利。

矿业权人有权依法优先取得登记的勘查、开采区域内新发现的其他矿产资源的矿业权，具体办法由国务院自然资源主管部门制定。

在已经登记的勘查、开采区域内，不得设立其他矿业权，国务院和国务院自然资源主管部门规定可以按照不同矿种分别设立矿业权的除外。

第二十四条 探矿权的期限为五年。探矿权期限届满，可以续期，续期最多不超过三次，每次期限为五年；续期时应当按照规定核减勘查区域面积。法律、行政法规另有规定的除外。

探矿权人应当按照探矿权出让合同的约定及时开展勘查工作，并每年向原矿业权出让部门报告有关情况；无正当理由未开展或者未实质性开展勘查工作的，探矿权期限届满时不予续期。

采矿权的期限结合矿产资源储量和矿山建设规模确定，最长不超过三十年。采矿权期限届满，登记的开采区域内仍有可供开采的矿产资源的，可以续期；法律、行政法规另有规定的除外。

期限届满未申请续期或者依法不予续期的，矿业权消灭。

第二十五条 探矿权人探明可供开采的矿产资源后可以在探矿权期限内申请将其探矿权转为采矿权；法律、行政法规另有规定的除外。原矿业权出让部门应当与该探矿权人签订采矿权出让合同，设立采矿权。

为了公共利益的需要，或者因不可抗力或者其他特殊情形，探矿权暂时不能转为采矿权的，探矿权人可以申请办理探矿权保留，原矿业权出让部门应当为其办理。探矿权保留期间，探矿权期限中止计算。

第二十六条 矿业权期限届满前，为了公共利益的需要，原矿业权出让部门可以依法收回矿业权；矿业权被收回的，应当依法给予公平、合理的补偿。

自然保护地范围内，可以依法进行符合管控要求的勘查、开采活动，已设立的矿业权不符合管控要求的，应当依法有序退出。

第二十七条 矿业权可以依法转让或者出资、抵押等，国家另有规定或者矿业权出让合同另有约定的除外。

矿业权转让的，矿业权出让合同和矿业权登记簿所载明的权利、义务随之转移，国家另有规定或者矿业权出让、转让合同另有约定的除外。

矿业权转让的具体管理办法由国务院制定。

第二十八条 有下列情形之一的，无需取得探矿权：

（一）国家出资勘查矿产资源；

（二）采矿权人在登记的开采区域内为开采活动需要进行勘查；

（三）国务院和国务院自然资源主管部门规定的其他情形。

第二十九条 有下列情形之一的，无需取得采矿权：

（一）个人为生活自用采挖只能用作普通建筑材料的砂、石、黏土；

（二）建设项目施工单位在批准的作业区域和建设工期内，因施工需要采挖只能用作普通建筑材料的砂、石、黏土；

（三）国务院和国务院自然资源主管部门规定的其他情形。

有前款第一项、第二项规定情形的，应当遵守省、自治区、直辖市规定的监督管理要求。

第三章　矿产资源勘查、开采

第三十条　县级以上人民政府自然资源主管部门会同有关部门组织开展基础性地质调查；省级以上人民政府自然资源主管部门会同有关部门组织开展战略性矿产资源、重点成矿区远景调查和潜力评价。

第三十一条　开展地质调查和矿产资源勘查、开采活动，应当按照国家有关规定及时汇交原始地质资料、实物地质资料和成果地质资料。

汇交的地质资料应当依法保管、利用和保护。

第三十二条　编制国土空间规划应当合理规划建设项目的空间布局，避免、减少压覆矿产资源。

建设项目论证时，建设单位应当查询占地范围内矿产资源分布和矿业权设置情况。省级以上人民政府自然资源主管部门应当为建设单位提供查询服务。

建设项目确需压覆已经设置矿业权的矿产资源，对矿业权行使造成直接影响的，建设单位应当在压覆前与矿业权人协商，并依法给予公平、合理的补偿。

战略性矿产资源原则上不得压覆；确需压覆的，应当经国务院自然资源主管部门或者其授权的省、自治区、直辖市人民政府自然资源主管部门批准。

第三十三条　矿业权人依照本法有关规定取得矿业权后，进行矿产资源勘查、开采作业前，应当按照矿业权出让合同以及相关标准、技术规范等，分别编制勘查方案、开采方案，报原矿业权出让部门批准，取得勘查许可证、采矿许可证；未取得许可证的，不得进行勘查、开采作业。

矿业权人应当按照经批准的勘查方案、开采方案进行勘查、开采作业；勘查方案、开采方案需要作重大调整的，应当按照规定报原矿业权出让部门批准。

第三十四条　国家完善与矿产资源勘查、开采相适应的矿业用地制度。编制国土空间规划应当考虑矿产资源勘查、开采用地实际需求。勘查、开采矿产资源应当节约集约使用土地。

县级以上人民政府自然资源主管部门应当保障矿业权人依法通过出让、租赁、作价出资等方式使用土地。开采战略性矿产资源确需使用农民集体所有土地的，可以依法实施征收。

勘查矿产资源可以依照土地管理法律、行政法规的规定临时使用土地。露天开采战略性矿产资源占用土地，经科学论证，具备边开采、边复垦条件的，报省级以上人民政府自然资源主管部门批准后，可以临时使用土地；临时使用农用地的，还应当按照国家有关规定及时恢复种植条件、耕地质量或者恢复植被、生产条件，确保原地类数量不减少、质量不下降、农民利益有保障。

勘查、开采矿产资源用地的范围和使用期限应当根据需要确定，使用期限最长不超过矿业权期限。

第三十五条 矿业权所在地的县级人民政府自然资源主管部门应当公告矿业权人勘查、开采区域范围。矿业权人在勘查、开采区域内勘查、开采矿产资源，可以依法在相邻区域通行，架设供电、供水、通讯等相关设施。

任何单位和个人不得实施下列行为：

（一）进入他人的勘查、开采区域勘查、开采矿产资源；

（二）扰乱勘查、开采区域的生产秩序、工作秩序；

（三）侵占、哄抢矿业权人依法开采的矿产品；

（四）其他干扰、破坏矿产资源勘查、开采活动正常进行的行为。

第三十六条 石油、天然气等矿产资源勘查过程中发现可供开采的石油、天然气等矿产资源的，探矿权人依法履行相关程序后，可以进行开采，但应当在国务院自然资源主管部门规定的期限内依法取得采矿权和采矿许可证。

第三十七条 国家鼓励、支持矿业绿色低碳转型发展，加强绿色矿山建设。

勘查、开采矿产资源，应当采用先进适用、符合生态环境保护和安全生产要求的工艺、设备、技术，不得使用国家明令淘汰的工艺、设备、技术。

开采矿产资源应当采取有效措施，避免、减少对矿区森林、草原、耕地、湿地、河湖、海洋等生态系统的破坏，并加强对尾矿库建设、运行、闭库等活动的管理，防范生态环境和安全风险。

第三十八条 勘查活动结束后，探矿权人应当及时对勘查区域进行清理，清除可能危害公共安全的设施、设备等，对废弃的探坑、探井等实施回填、封堵；破坏地表植被的，应当及时恢复。

勘查活动临时占用耕地的，应当及时恢复种植条件和耕地质量；临时占用林地、草地的，应当及时恢复植被和生产条件。

第三十九条 开采矿产资源，应当采取合理的开采顺序、开采方法，并采取有效措施确保矿产资源开采回采率、选矿回收率和综合利用率达到有关国家标准的要求。

开采矿产资源，应当采取有效措施保护地下水资源，并优先使用矿井水。

采矿权人在开采主要矿种的同时，对具有工业价值的共生和伴生矿产应当综合开采、综合利用，防止浪费；对暂时不能综合开采或者必须同时采出但暂时不能综合利用的矿产以及含有有用组分的尾矿，应当采取有效的保护措施，防止损失破坏。

国家制定和完善提高矿产资源开采回采率、选矿回收率、综合利用率的激励性政策措施。

第四十条 国家建立矿产资源储量管理制度，具体办法由国务院制定。

矿业权人查明可供开采的矿产资源或者发现矿产资源储量发生

重大变化的，应当按照规定编制矿产资源储量报告并报送县级以上人民政府自然资源主管部门。矿业权人应当对矿产资源储量报告的真实性负责。

第四十一条 采矿权人应当按照国家有关规定将闭坑地质报告报送县级以上地方人民政府自然资源主管部门。

采矿权人应当在矿山闭坑前或者闭坑后的合理期限内采取安全措施、防治环境污染和生态破坏。

县级以上地方人民政府应当组织有关部门加强闭坑的监督管理。

第四十二条 勘查、开采矿产资源，应当遵守有关生态环境保护、安全生产、职业病防治等法律、法规的规定，防止污染环境、破坏生态，预防和减少生产安全事故，预防发生职业病。

第四十三条 勘查、开采矿产资源时发现重要地质遗迹、古生物化石和文物的，应当加以保护并及时报告有关部门。

第四章 矿区生态修复

第四十四条 矿区生态修复应当坚持自然恢复与人工修复相结合，遵循因地制宜、科学规划、系统治理、合理利用的原则，采取工程、技术、生物等措施，做好地质环境恢复治理、地貌重塑、植被恢复、土地复垦等。涉及矿区污染治理的，应当遵守相关法律法规和技术标准等要求。

国务院自然资源主管部门会同国务院生态环境主管部门等有关部门制定矿区生态修复技术规范。

国务院生态环境主管部门指导、协调和监督矿区生态修复工作。

县级以上地方人民政府应当加强对矿区生态修复工作的统筹和监督，保障矿区生态修复与污染防治、水土保持、植被恢复等协同实施，提升矿区生态环境保护和恢复效果。

第四十五条 因开采矿产资源导致矿区生态破坏的，采矿权人应当依法履行生态修复义务。采矿权人的生态修复义务不因采矿权消灭而免除。

采矿权转让的，由受让人履行矿区生态修复义务，国家另有规定或者矿业权出让、转让合同另有约定的除外。

历史遗留的废弃矿区，矿区生态修复责任人灭失或者无法确认的，由所在地县级以上地方人民政府组织开展矿区生态修复。

国家鼓励社会资本参与矿区生态修复。

第四十六条 开采矿产资源前，采矿权人应当依照法律、法规和国务院自然资源主管部门的规定以及矿业权出让合同编制矿区生态修复方案，随开采方案报原矿业权出让部门批准。矿区生态修复方案应当包括尾矿库生态修复的专门措施。

编制矿区生态修复方案，应当在矿区涉及的有关范围内公示征求意见，并专门听取矿区涉及的居民委员会、村民委员会、农村集体经济组织和居民代表、村民代表的意见。

第四十七条 采矿权人应当按照经批准的矿区生态修复方案进行矿区生态修复。能够边开采、边修复的，应当边开采、边修复；能够分区、分期修复的，应当分区、分期修复；不能边开采、边修复或者分区、分期修复的，应当在矿山闭坑前或者闭坑后的合理期限内及时修复。

第四十八条 矿区生态修复由县级以上地方人民政府自然资源主管部门会同生态环境主管部门等有关部门组织验收。验收应当邀请有关专家以及矿区涉及的居民委员会、村民委员会、农村集体经济组织和居民代表、村民代表参加，验收结果应当向社会公布。

矿区生态修复分区、分期进行的，应当分区、分期验收。

第四十九条 采矿权人应当按照规定提取矿区生态修复费用，专门用于矿区生态修复。矿区生态修复费用计入成本。

县级以上人民政府自然资源主管部门应当会同财政等有关部门对矿区生态修复费用的提取、使用情况进行监督检查。

矿区生态修复费用提取、使用和监督管理的具体办法由国务院财政部门会同国务院自然资源主管部门制定。

第五章　矿产资源储备和应急

第五十条 国家构建产品储备、产能储备和产地储备相结合的战略性矿产资源储备体系，科学合理确定储备结构、规模和布局并动态调整。

第五十一条 国务院发展改革、财政、物资储备、能源等有关部门和省、自治区、直辖市人民政府应当按照国家有关规定加强战略性矿产资源储备设施建设，组织实施矿产品储备，建立灵活高效的收储、轮换、动用机制。

第五十二条 开采战略性矿产资源的采矿权人应当按照国家有关规定，落实产能储备责任，合理规划生产能力，确保应急增产需要。

第五十三条 国务院自然资源主管部门会同有关部门，根据保障国家矿产资源安全需要，结合资源储量、分布情况及其稀缺和重要程度等因素，划定战略性矿产资源储备地。

战略性矿产资源储备地管理办法由国务院自然资源主管部门会同有关部门制定。

第五十四条 国家建立和完善矿产资源供应安全预测预警体系，提高预测预警能力和水平，及时对矿产品供求变化、价格波动以及安全风险状况等进行预测预警。

第五十五条 出现矿产品供需严重失衡、经济社会发展和人民生活受到重大影响等矿产资源应急状态的，省级以上人民政府应当按照职责权限及时启动应急响应，可以依法采取下列应急处置措施：

（一）发布矿产品供求等相关信息；

（二）紧急调度矿产资源开采以及矿产品运输、供应；

（三）在战略性矿产资源储备地等区域组织实施矿产资源应急性开采；

（四）动用矿产品储备；

（五）实施价格干预措施、紧急措施；

（六）其他必要措施。

出现矿产资源应急状态时，有关单位和个人应当服从统一指挥和安排，承担相应的应急义务，配合采取应急处置措施，协助维护市场秩序。

因执行应急处置措施给有关单位、个人造成损失的，应当按照有关规定给予补偿。

矿产资源应急状态消除后，省级以上人民政府应当按照职责权限及时终止实施应急处置措施。

第六章　监督管理

第五十六条　县级以上人民政府自然资源主管部门和其他有关部门应当按照职责分工，加强对矿产资源勘查、开采和矿区生态修复等活动的监督检查，依法及时查处违法行为。

上级人民政府自然资源主管部门和其他有关部门应当加强对下级人民政府自然资源主管部门和其他有关部门执法活动的监督。

第五十七条　县级以上人民政府自然资源主管部门和其他有关部门实施监督检查，可以采取下列措施：

（一）进入勘查、开采区域等实施现场查验、勘测；

（二）询问与检查事项有关的人员，要求其对有关事项作出说明；

（三）查阅、复制与检查事项有关的文件、资料；

（四）查封、扣押直接用于违法勘查、开采的工具、设备、设施、场所以及违法采出的矿产品；

（五）法律、法规规定的其他措施。

自然资源主管部门和其他有关部门依法实施监督检查，被检查单位及其有关人员应当予以配合，不得拒绝、阻碍。

自然资源主管部门和其他有关部门及其工作人员对监督检查过程中知悉的国家秘密、商业秘密、个人隐私和个人信息依法负有保密义务。

第五十八条 国家建立矿产资源开发利用水平调查评估制度。

国务院自然资源主管部门建立矿产资源开发利用水平评估指标体系。县级以上人民政府自然资源主管部门应当加强对矿产资源勘查、开采情况的汇总、分析，并定期进行评估，提出节约集约开发利用矿产资源等方面的改进措施。

第五十九条 国务院自然资源主管部门建立全国矿业权分布底图和动态数据库。

国务院自然资源主管部门组织建立全国矿产资源监督管理信息系统，提升监管和服务效能，依法及时公开监管和服务信息，并做好信息共享工作。

第六十条 县级以上人民政府自然资源主管部门应当按照国家有关规定，将矿业权人和从事矿区生态修复等活动的其他单位和个人的信用信息记入信用记录。

第六十一条 任何单位和个人对违反矿产资源法律、法规的行为，有权向县级以上人民政府自然资源主管部门和其他有关部门举报，接到举报的部门应当及时依法处理。

第七章　法律责任

第六十二条　县级以上人民政府自然资源主管部门和其他有关部门的工作人员在矿产资源勘查、开采和矿区生态修复等活动的监督管理工作中滥用职权、玩忽职守、徇私舞弊的，依法给予处分。

第六十三条　违反本法规定，未取得探矿权勘查矿产资源的，由县级以上人民政府自然资源主管部门责令停止违法行为，没收违法所得以及直接用于违法勘查的工具、设备，并处十万元以上一百万元以下罚款；拒不停止违法行为的，可以责令停业整顿。

超出探矿权登记的勘查区域勘查矿产资源的，依照前款规定处罚；拒不停止违法行为，情节严重的，原矿业权出让部门可以吊销其勘查许可证。

第六十四条　违反本法规定，未取得采矿权开采矿产资源的，由县级以上人民政府自然资源主管部门责令停止违法行为，没收直接用于违法开采的工具、设备以及违法采出的矿产品，并处违法采出的矿产品市场价值三倍以上五倍以下罚款；没有采出矿产品或者违法采出的矿产品市场价值不足十万元的，并处十万元以上一百万元以下罚款；拒不停止违法行为的，可以责令停业整顿。

超出采矿权登记的开采区域开采矿产资源的，依照前款规定处罚；拒不停止违法行为，情节严重的，原矿业权出让部门可以吊销其采矿许可证。

违反本法规定，从事石油、天然气等矿产资源勘查活动，未在国务院自然资源主管部门规定的期限内依法取得采矿权进行开采的，依照本条第一款规定处罚。

第六十五条 违反本法规定，建设项目未经批准压覆战略性矿产资源的，由县级以上人民政府自然资源主管部门责令改正，处十万元以上一百万元以下罚款。

第六十六条 违反本法规定，探矿权人未取得勘查许可证进行矿产资源勘查作业的，由县级以上人民政府自然资源主管部门责令改正；拒不改正的，没收违法所得以及直接用于违法勘查的工具、设备，处十万元以上五十万元以下罚款，并可以责令停业整顿。

第六十七条 违反本法规定，采矿权人未取得采矿许可证进行矿产资源开采作业的，由县级以上人民政府自然资源主管部门责令改正；拒不改正的，没收直接用于违法开采的工具、设备以及违法采出的矿产品，处违法采出的矿产品市场价值一倍以上三倍以下罚款，没有采出矿产品或者违法采出的矿产品市场价值不足十万元的，处十万元以上五十万元以下罚款，并可以责令停业整顿。

违反本法规定，从事石油、天然气等矿产资源勘查活动，未在国务院自然资源主管部门规定的期限内依法取得采矿许可证进行开采的，依照前款规定处罚。

第六十八条 违反本法规定，有下列情形之一，造成矿产资源破坏的，由县级以上人民政府自然资源主管部门责令改正，处十万元以上五十万元以下罚款；拒不改正的，可以责令停业整顿；情节严重的，原矿业权出让部门可以吊销其勘查许可证、采矿许可证：

（一）未按照经批准的勘查方案、开采方案进行矿产资源勘查、开采作业；

（二）采取不合理的开采顺序、开采方法开采矿产资源；

（三）矿产资源开采回采率、选矿回收率和综合利用率未达到有关国家标准的要求。

违反本法规定，未按照保护性开采要求开采特定战略性矿产资源的，依照前款规定处罚；法律、行政法规另有规定的，依照其规定。

第六十九条 违反本法规定，勘查活动结束后探矿权人未及时对勘查区域进行清理或者未及时恢复受到破坏的地表植被的，由县级以上人民政府自然资源主管部门责令改正，可以处五万元以下罚款；拒不改正的，处五万元以上十万元以下罚款，由县级以上人民政府自然资源主管部门确定有关单位代为清理、恢复，所需费用由探矿权人承担。

第七十条 未按照规定汇交地质资料，或者矿业权人未按照规定编制并报送矿产资源储量报告的，由县级以上人民政府自然资源主管部门责令改正，处二万元以上十万元以下罚款；情节严重的，处十万元以上五十万元以下罚款。

矿业权人故意报送虚假的矿产资源储量报告的，由县级以上人民政府自然资源主管部门没收违法所得，并处二十万元以上一百万元以下罚款；情节严重的，由原矿业权出让部门收回矿业权。

第七十一条 违反本法规定，采矿权人不履行矿区生态修复义务或者未按照经批准的矿区生态修复方案进行矿区生态修复的，由县级以上人民政府自然资源主管部门责令改正，可以处矿区生态修复所需费用二倍以下罚款；拒不改正的，处矿区生态修复所需费用二倍以上五倍以下罚款，由县级以上人民政府自然资源主管部门确定有关单位代为修复，所需费用由采矿权人承担。

第七十二条 出现矿产资源应急状态时，有关单位和个人违反本法规定，不服从统一指挥和安排、不承担相应的应急义务或者不配合采取应急处置措施的，由省级以上人民政府自然资源主管部门或者其他有关部门责令改正，给予警告或者通报批评；拒不改正的，对单位处十万元以上五十万元以下罚款，根据情节轻重，可以责令停业整顿或者依法吊销相关许可证件，对个人处一万元以上五万元以下罚款。

第七十三条 违反本法规定，矿业权人拒绝、阻碍监督检查，或者在接受监督检查时弄虚作假的，由县级以上人民政府自然资源主管部门或者其他有关部门责令改正；拒不改正的，处二万元以上十万元以下罚款。

第七十四条 违反本法规定，破坏矿产资源或者污染环境、破坏生态，损害国家利益、社会公共利益的，人民检察院、法律规定的机关和有关组织可以依法向人民法院提起诉讼。

第七十五条 违反本法规定，造成他人人身财产损害或者生态环境损害的，依法承担民事责任；构成违反治安管理行为的，依法给予治安管理处罚；构成犯罪的，依法追究刑事责任。

第七十六条 勘查、开采矿产资源、开展矿区生态修复，违反有关生态环境保护、安全生产、职业病防治、土地管理、林业草原、文物保护等法律、行政法规的，依照有关法律、行政法规的规定处理、处罚。

第八章　附　则

第七十七条　外商投资勘查、开采矿产资源，法律、行政法规另有规定的，依照其规定。

第七十八条　中华人民共和国境外的组织和个人，实施危害中华人民共和国国家矿产资源安全行为的，依法追究其法律责任。

第七十九条　中华人民共和国缔结或者参加的国际条约与本法有不同规定的，适用国际条约的规定；但是，中华人民共和国声明保留的条款除外。

第八十条　本法自 2025 年 7 月 1 日起施行。